Jutta D. Blume
Minenfeld Partnerschaft

W0235668

Jutta D. Blume

Minenfeld Partnerschaft

Wege aus der Beziehungs-Krise

Bibliografische Information der Deutschen Nationalbibliothek
Die Deutsche Nationalbibliothek verzeichnet diese Publikation in der Deutschen
Nationalbibliografie; detaillierte bibliografische Daten sind im Internet über
http://dnb.ddb.de abrufbar.

ISBN 978-3-86910-461-4

Dieses Buch gibt es auch als E-Book: ISBN 978-3-86910-924-4

Die Autorin: Die studierte Diplompsychologin und Psychotherapeutin Jutta D.
Blume arbeitet als Psychologin und Seminarleiterin in eigener Praxis und hat sich
auf Themen wie Partnerschaft, Angstzustände und akute Krisen spezialisiert. Sie ist
eine erfolgreiche Buchautorin und außerdem Lehrbeauftragte für Kommunikation
im Fachbereich Marketing und Vertrieb an der Fachhochschule Jena.

Originalausgabe

© 2009 humboldt
Ein Imprint der Schlüterschen Verlagsgesellschaft mbH & Co. KG,
Hans-Böckler-Allee 7, 30173 Hannover
www.schluetersche.de
www.humboldt.de

Lektorat:	Angelika Lenz, Steinheim a. d. Murr
Covergestaltung:	DSP Zeitgeist GmbH, Ettlingen
Innengestaltung:	akuSatz Andrea Kunkel, Stuttgart
Titelfoto:	Duangkamon Khattiya /getty
Satz:	PER Medien+Marketing GmbH, Braunschweig
Druck:	freiburger graphische betriebe, Freiburg i. Br.

Hergestellt in Deutschland.
Gedruckt auf Papier aus nachhaltiger Forstwirtschaft.

Inhalt

Einleitung

Es gibt Situationen innerhalb der Partnerschaft, da sind wir eigentlich am Ende. Am Ende mit unserer Hoffnung, am Ende unserer Kraft und am Ende unserer Geduld. Und vielleicht auch am Ende unserer Liebe, aber das ist noch nicht ganz sicher. Deswegen tut es auch noch so weh und treibt uns innerlich um. Aber was tun, wenn man schon alles versucht hat, im Guten wie im Bösen, und alles immer nur schlimmer wurde?

Bei manchen von uns handelt es sich um die klassische, schleichende Beziehungskrise, die sich so langsam angepirscht hat, dass wir es anfangs gar nicht gemerkt haben. Und dann wurde sie immer deutlicher, so deutlich, dass wir nicht mehr wegschauen konnten. Wenn uns jemand fragt, wann es angefangen hat und warum, dann können wir in diesem Fall oft gar nicht richtig antworten. Es hat sich eben einfach im Laufe der Zeit so entwickelt. Warum? Wer weiß das schon.

Bei anderen mag es einen Schlag wie aus heiterem Himmel gegeben haben. Einen richtigen Hammer, der uns so geschockt hat, dass wir nun nicht mehr wissen, wie wir damit weiterleben sollen in unserer Partnerschaft. Nichts ist mehr so wie vorher oder wie wir geglaubt hatten, dass es sei. Die völlige Verunsicherung ist entstanden. Was nun? Und bei wieder anderen kann es ein Lieblingsstreitthema sein, das sich im Laufe der Jahre immer mehr in den Mittelpunkt der Beziehung geschoben hat. Etwas, das uns so unter Druck setzt oder so nervt an unserem Partner, dass wir es kaum noch ertragen können. All das andere, das mal funktioniert hat und schön war, ist irgendwie verdampft – in der Hitze der regelmäßigen Gefechte. Aus Partnern sind Feinde geworden, die sich in verhärteten Fronten gegenüberstehen. Dazwischen das Minenfeld Partnerschaft. Ein falscher Schritt, ein falsches Wort – und wieder kann eine Tretmine hochgehen.

Was auch immer in Ihrer Beziehung passiert ist, Sie sind gerade an einem Punkt, an dem eine Entscheidung getroffen werden muss, das fühlen Sie wahrscheinlich schon seit einiger Zeit. So wie bisher kann es nicht mehr weitergehen. Das ist sicher. Aber wie stattdessen und ob überhaupt, das sind Fragen, die sehr quälend sein können.

Ein Problem, das hinzukommt, ist, dass in dieser Phase der Beziehung oftmals die Bereitschaft des Partners fehlt, zu einer Lösung beizutragen. Das ist ja gerade das Problem, dass wir vielleicht so weit auseinandergedriftet sind, dass es keine gemeinsame Schnittmenge mehr zu geben scheint, von der aus wir neue Wege gehen könnten, um gemeinsam unsere Liebe zu retten. So sitzen wir also alleine auf unserer einsamen Insel und wissen: Wenn ich nichts ändere, ändert sich nichts. Und das halte ich nicht mehr aus.

Im ersten Teil dieses Buches finden Sie einige grundsätzliche Gedanken über die Liebe, was sie verspricht, was sie hält, und ein paar nützliche Fragestellungen und Arbeitshypothesen, um das Projekt Partnerschaft konstruktiv zu gestalten. Im zweiten lernen Sie die 3-Schritte-Technik kennen. Hierbei handelt es sich um ein Instrument der Klärung auf einer sehr intensiven, gefühlten Ebene. Sie hilft uns mit vielen kleinen Übungen und Beispielen aus dem „richtigen" Leben, die Balance zwischen Selbstachtung und Toleranz zu finden, und mündet letztlich in eine Erkenntnis, die unsere bisherige Sichtweise zumindest erweitert, manchmal sogar dramatisch verändert.

Die eingefügten anonymisierten Beispiele aus meiner psychotherapeutischen Praxis helfen den Bezug zum Beziehungsalltag zu verdeutlichen und nehmen uns sozusagen mit in die Trainingshalle des Projekts Partnerschaft.

Die Liebe und das böse Erwachen

Unser Ausgangspunkt

Sie trägt uns hinauf auf Wolke sieben, sodass wir der glücklichste Mensch zu sein glauben – aber sie kann auch so wehtun, dass wir das Gefühl haben, es keine Minute länger aushalten zu können.

Theoretisch wissen wir alle, wie es geht: Offenheit, Verlässlichkeit, gegenseitiges Wohlwollen, ein gesundes Maß an Rücksichtnahme und „mal was verzeihen können", eine für beide beglückende Intimität. Aber wie lebt man das, wenn es gerade schwierig oder vielleicht schon seit längerer Zeit abgekühlt ist – oder gar verhärtete Fronten existieren? Was, wenn wir bitter enttäuscht oder verletzt werden, was, wenn wir nach vielen heftigen Streitsituationen und ebenso vielen neuen Anfängen einfach nicht mehr weiterwissen – aber auch keine Trennung wollen?

> Wenn die Partnerschaft die Hölle geworden ist, beide aber immer noch da sind, dann ist da noch etwas, weswegen es sich lohnt, zu bleiben.

Dieses Buch befasst sich mit Situationen, in denen es wirklich schwer ist, die Liebe zu leben: Enttäuschungen, Lügen, böse Streitereien, betrügen und betrogen werden, sich verraten und verlassen fühlen … Und doch ist da noch etwas, das uns hält. Ist es die Angst vor der Einsamkeit oder die tief in uns liegende Gewissheit, dass Liebe möglich ist und wir in dieser Beziehung den verborgenen Schatz noch nicht gehoben haben?

Dieser Ratgeber wendet sich an Menschen, die dort weitermachen wollen, wo andere aufhören. An Menschen, die den Mut haben, ihrer Liebe allen Widrigkeiten zum Trotz noch eine Chance zu geben, auch wenn sie dafür vielleicht über eine Grenze gehen und etwas wirklich Neues ausprobieren müssen. Und an Menschen, die noch im Zwiespalt sind, ob es nicht besser wäre zu gehen.

Wir werden in diesem Buch gemeinsam versuchen, unsere menschlichen Schwächen mit psychologischem Sachverstand, aber auch mit warmem Humor von allen Seiten zu beleuchten, und herausfinden, welche seelischen Wunden, Herausforderungen, ja sogar Chancen für beide Partner dahinter verborgen sind. Wir werden ausloten, welche Möglichkeiten es gibt, um beiden Seiten gerecht zu werden und gleichzeitig mehr Klarheit, warmherziges gegenseitiges Verständnis, aber auch neue Verhaltensweisen in die festgefahrene Situation einfließen zu lassen – damit wieder Raum entsteht für die zarte Energie zwischen uns, die uns einst so magnetisch angezogen hat. Oder Klarheit und Mut für einen sauberen Schlussstrich.

Egal ob wir uns diesem vielleicht letzten Versuch mit mehr oder minder großer Verzweiflung, mit Wut, mit Schmerz, Trauer, Angst oder Hoffnung nähern, oder einer Mischung aus all dem, wir spüren meist ganz genau, dass wir an einer Grenze angekommen sind. Einer Grenze, wo es nicht mehr weitergeht – jedenfalls nicht mehr so wie bisher. Und das ist auch gut so. Denn nur, wenn wir wirklich mit all unserer Kraft und bestem Glauben versucht haben, diese Liebe zu retten, wenn alle Illusionen aufgebraucht und unsere Energie zu Ende ist, nur dann sind wir bereit, etwas wirklich anderes in Erwägung zu ziehen.

So paradox es klingt: Wir müssen aufgegeben haben, bevor etwas wahrhaft Neues entstehen kann. Solange wir – und sei es mit einem Prozent unserer Energie – noch an der Idee festhalten, die Liebe, und damit in gewissem Sinne unser Partner, unterläge unserer Kontrolle, so lange starren wir meist wie hypnotisiert und völlig angespannt auf unseren

Erst wenn wir mit unserem Latein am Ende sind, öffnen sich innere Türen für etwas Neues.

Lieblingsfeind und versuchen dies und jenes. Wir reden, schmollen, schreien, weinen, drohen, gehen, kommen wieder, versprechen, trauern, ärgern oder entschuldigen uns, explodieren, schmieden Rachepläne oder ziehen uns zurück und mauern. In dieser Phase sind wir vor lauter wechselndem Aktivismus oft blind und taub für die rettende Erkenntnis, die vielleicht schon im nächsten, entspannten Atemzug auf uns warten würde.

Ein wirklich guter Ausgangspunkt auf dem Weg, die Liebe zu lernen, ist es, uns selbst, unseren Lieblingsfeind und die momentane Situation in Ruhe und möglichst wertfrei zu betrachten. Wieso wertfrei? Am meisten Erkenntnis bringt es uns tatsächlich, wenn wir versuchen, diese Betrachtung ohne innere Anschuldigungen zu tun. Dies können wir am besten, wenn wir die Anspannung loslassen, die mit dem verzweifelten Ansinnen auf Veränderung verbunden ist. Denn wenn wir in diesem Moment etwas oder jemanden verändern wollen, ist unser ganzes Nerven- und Energiesystem unter Strom. Und solange wir unter Strom sind, haben wir im wahrsten Sinne des Wortes Scheuklappen auf. Doch mit Scheuklappen sieht man nur wenig.

Natürlich heißt das nicht, dass wir eine unerträgliche Situation ab jetzt hinnehmen sollen. Aber es heißt durchaus, dass wir für die Zeit der Bestandsaufnahme und möglicherweise auch für die Zeit der ersten Veränderungsschritte dieses Jetzt als Augsangspunkt so zu ertragen üben, wie es nun mal ist. Ob wir es verurteilen, es hassen oder innerlich mit aller Energie dagegen ankämpfen —

Für eine Bestandsaufnahme mit Veränderungspotenzial muss man Anschuldigungen außen vor lassen.

wir können es im aktuellen Moment nicht ändern. Die Situation bleibt hier und jetzt, wie sie ist — alles andere wäre wünschenswerte Zauberei. Doch die innere Abwertung kostet unglaublich viel Kraft, verursacht noch mehr Schmerz und verhindert manch wertvolle Erkenntnis, die wir eben nur dann bekommen, wenn wir die Situation vorerst einfach einmal als gegeben hinnehmen.

Das ist manchmal fast undenkbar, weil es uns so viel Schmerz, Angst oder Wut bereitet. Deswegen kämpfen wir ja auch mit allem, was wir haben, bis zum bitteren Ende – und sei es nur gegen uns selbst. Und nur wenn wir einfach überhaupt keine Kraft und Hoffnung mehr haben, sind wir hier angelangt, im Bodensatz der Situation. Von hier aus geht es nicht mehr weiter abwärts. Das ist das Gute daran. Man spürt es, wenn es so weit ist. Und wenn wir beginnen zu fühlen, dass es nicht mehr schlimmer werden kann, dann können wir uns auch endlich erlauben, loszulassen und uns ein bisschen zu entspannen. Und uns ausruhen. Von jetzt an kann es nur noch besser werden, schlechter nicht mehr.

Was lassen wir hier eigentlich los? Meist hat es etwas mit Hoffnung und der damit verbundenen Anstrengung zu tun, etwas in den Griff zu bekommen. Wie heißt es so schön: Die Hoffnung stirbt zuletzt. Wenn wir am Ende unserer Hoffnungen angekommen sind, scheint alles verloren.

Am Tiefpunkt einer Situation wird es plötzlich ganz still und friedlich.

Wir glauben nicht mehr daran, etwas verändern zu können. Der Kampf ist zu Ende. Plötzlich tritt Stille ein. Und zugleich tut sich ganz leise ein neuer Raum auf. Dies ist ein kostbarer Moment, weil wir aufgehört haben, uns gegen den Strom des Lebens, so wie es gerade ist, zu stellen. Wir lassen los und treiben ohne Widerstand im Jetzt.

Dieser Moment des Aufgebens ist der, vor dem wir uns vielleicht unser ganzes Leben lang gefürchtet haben, auf jeden Fall ist es das, was wir bis zum Schluss mit aller Kraft zu verhindern versuchten. Und nun sind wir doch hier. Da wir jetzt nichts mehr zu verlieren haben, können wir uns die Zeit nehmen, uns auszuruhen und uns umzuschauen. Der Kampf hat unsere letzten Reserven gefordert, vielleicht merken wir jetzt erst, wie erschöpft wir sind. Wir glaubten, an diesem Platz würde unser Leben aufhören – und mit einem gewissen Erstaunen stellen wir vielleicht fest, dass wir immer noch da sind. Einfach da sind. Einfach sind.

Dies ist, so paradox es vielleicht klingen mag, ein wirklich guter, wenn nicht sogar der beste Moment für den Beginn eines ganz neuen Lebens. Unter anderem deswegen, weil wir feststellen, dass „nichts passiert" ist, obwohl wir aufgehört haben zu kämpfen. Und manch einer von uns stellt hier mit noch größerem Erstaunen fest, dass das Dagegenankämpfen mit so viel Leid und Schmerz verbunden war, nicht jedoch dieses „Einfach-da-Sein" nach dem Aufgeben.

Doro: „Ich habe die Situation in unserer Partnerschaft über einen sehr langen Zeitraum hinweg als zunehmend belastend empfunden. Ich habe nicht nur versucht, es irgendwie auszuhalten, sondern auf jede mögliche Weise zu verbessern. Bei meinen Bemühungen bin ich eine Ewigkeit über meine Grenzen gegangen. Bis ich nicht mehr konnte."

Wir geben uns aufgrund der Erschöpfung, vielleicht erstmalig, dem Leben und damit uns selbst hin. Keine Vorstellung, wie alles sein oder werden sollte, pfuscht uns in diesen Augenblick hinein. Wir sind einfach da. Diese Stille des totalen Aufgebens hat etwas sehr Friedvolles. Denn wenn wir nur für einen Moment sogar die Vorstellung aufgegeben haben, dass wir es besser wissen, wie das Leben zu sein hat, dann haben wir auch den Gram, den Schmerz, die Wut und die Anspannung, die mit dem Veränderungswunsch einhergeht, mit losgelassen.

Was für ein göttlicher Moment! Keine Vergangenheit, keine Zukunft. Nur dieses Jetzt – ungeschminkt und natürlich. Und bei näherem Hinfühlen: sanft. Warum hatten wir vor diesem Moment eigentlich so viel Angst? Hier und jetzt können wir die totale Freiheit fühlen. Und vor allem uns selbst.

Nicht jeder von uns kennt diesen Augenblick jenseits von Zeit und Schmerz, aber viele von uns stehen auf dem Areal dieser und anderer Möglichkeiten der Persönlichkeitsentwicklung. Denn die Liebe bringt uns wie nichts anderes so sehr an und über unsere Grenzen und birgt damit ein unglaubliches Potenzial an Erkenntnis und Wachstum. Wir können daher getrost Vertrauen haben, dass gerade die schlimmsten Situationen eine Tür sein können für einen neuen Anfang. Auf jeden Fall aber sind sie wunderbare Gelegenheiten, alte Muster aufzulösen und uns selbst näher zu kommen.

> Wenn wir zu den Menschen gehören, die die Liebe zur totalen Verzweiflung bringt, dann gehören wir auch zu den Menschen, die durch die Liebe enorm lernen können.

Was nach so einem Moment des Aufgebens geschieht, findet auf dem Boden einer neuen Sichtweise statt. Es kann, äußerlich betrachtet, zunächst recht ähnlich aussehen wie bisher – innerlich ist es etwas ganz anderes. Es kann aber auch dazu führen, dass wir mit großer Entschiedenheit unser Verhalten in unserer Beziehung, ja unser ganzes Leben ändern, weil es aus uns selbst heraus so geändert werden möchte und nichts anderes mehr möglich ist. Auf jeden Fall wird es eine Veränderung zum Besseren hin sein. Dieses Buch möchte Sie auf dem Weg begleiten, Ihr Leben – in oder außerhalb Ihrer jetzigen Beziehung – zu verbessern. Wer es als Arbeitsbuch benutzen will, kann sich ein kleines Notizbuch zur Hand nehmen für seine ganz persönlichen Mitschriften. Diese werden eine wertvolle Grundlage für spätere Entscheidungen sein.

Verliebt – verlobt – verheiratet

Das Glück, das wir beim Projekt „Verlieben auf Gegenseitigkeit" empfinden, ist nahezu unermesslich. Es lässt unser Herz höher schlagen und versetzt auch andere Körperteile in eine fröhliche Erwartungshaltung, wie Duffell und Lovendal so schön schreiben (siehe Literaturempfehlungen). Wir fühlen uns sinnlich und offen, selbstbewusst und attraktiv. Wir lieben die ganze Welt, sind plötzlich freundlicher mit unseren Mitmenschen und uns unseres Wertes als Mensch kurzzeitig ganz bewusst. Das ist wohl das Entscheidende an diesem Zustand. Aufgrund unserer wundersamen Wandlung erhalten wir meist auch positives Feedback von anderen und nicht selten erblühen wir in ungeahnter Schönheit. Unsere Augen strahlen, unser Gang ist aufrecht, das Gefühl, zu lieben und geliebt zu werden, erfüllt uns ganz und gar und wir fühlen uns sexy. Das hat seine Wirkung.

Jan: *„Als ich mich damals in S. verliebt habe, hatte ich plötzlich überall Chancen. Es war echt erstaunlich."*

Kein Wunder, dass wir diesen Esprit behalten wollen. Aus diesem Grund versuchen wir auf die unterschiedlichste Art, diesen wunderbaren Zustand festzuhalten. Einer dieser Versuche heißt Ehe. Es ist müßig, anschließend darüber nachzudenken, ob die Phase des Frischverliebtseins auf einer Illusion beruhte oder nicht – der emotionale Zustand, in dem wir uns anfangs befinden, ist jedenfalls real. Die Illusion dabei ist eigentlich nur die, dass wir unserem Lieblingsmenschen unterstellen, er sei die Ursache dafür, dass es uns schlagartig so phänomenal gut geht – und die unbewusste Erwartung an ihn hegen, er solle dafür sorgen, dass es so bleibt. Dabei ist er bzw. sie nur der Auslöser und unsere Projektionsfigur. In Wirklichkeit entsteht in dieser Begegnung aufgrund der gegenseitigen Anziehung und unserer positiven Erwartungshaltung einfach nur der natürlichste Zustand unserer Seele.

> Offenheit und das Bewusstsein, dass wir wertvoll und liebenswert sind, ist unser natürlichster Seinszustand. Die enorme Energie, die uns in diesem Zustand zufließt, möchten wir weitergeben, denn sie ist zu viel, um sie einfach für sich zu behalten. Das ist Liebe pur.

Das Glück, das wir dabei empfinden, hat längst nicht so viel mit unserem magischen Gegenüber zu tun, wie wir in dieser Zeit glauben – was die Schönheit und Qualität der Angelegenheit natürlich keineswegs schmälert. In Wahrheit ist es einfach die tiefe Freude, die entsteht, wenn wir uns aufgrund unserer Herzöffnung eine Zeit lang vom Leben selbst genährt, bedingungslos geliebt und wertvoll fühlen. Dies sind wir im Grunde natürlich immer, nur sind wir normalerweise so in unseren Prägungen und negativen Gedanken über uns selbst und die Welt gefangen, gestresst, überbeschäftigt oder sonst wie abgelenkt, dass wir diese Wahrheit nicht fühlen können. Im Zustand des Verliebtseins jedoch fühlen wir endlich, wie es ist, mit einem offenen Herzen zu leben, wir fühlen die Verbindung mit allen Lebewesen und die Möglichkeit des Einsseins mit einem anderen – und so erfüllt sich eine der tiefsten Sehnsüchte unseres menschlichen Daseins. Es ist eine Art Erleuchtungserlebnis und deshalb schweben wir leichtfüßig und lächelnd durchs Leben. Das war keine Illusion. Im Gegenteil: Alles andere ist Illusion.

> Das Leben liebt uns in jedem Moment und genau so, wie wir sind – nur merken wir es normalerweise nicht. Wenn wir uns in der Phase des Verliebens jedoch öffnen, dann fühlen wir den Segen, der uns Tag für Tag umgibt. Eigentlich völlig unabhängig von einem Partner.

Dadurch, dass wir jedoch glauben, unser Partner sei die Ursache dafür, wie super gut wir uns gerade fühlen, glauben wir natürlich auch, er sei schuld, wenn wir uns später wieder schlecht fühlen. Dieses kleine Missverständnis hat, wie wir noch sehen werden, im Laufe unserer Liebesbeziehung immer größer werdende Folgen.

Wir machen den Fortbestand dieses nahezu göttlichen Seinszustandes in der Verliebtseinsphase unbewusst davon abhängig, inwieweit es unserem Lieblingsmenschen aus unserer Sicht gelingt, in uns das Gefühl der sinnlich-freudigen Offenheit aufrechtzuerhalten bzw. immer wieder zu erzeugen. Was anfangs ein spielend leichtes Unterfangen ist, wird jedoch zunehmend schwieriger. Im Grunde musste unser Gegenüber gar nichts Besonderes tun, um dieses Gefühl in uns auszulösen – genau genommen hatte er oder sie sogar zu keinem Zeitpunkt irgendeine Macht darüber, ob wir uns verlieben und uns dann so fühlen oder nicht. Doch weil wir unser Herz öffneten und daran glaubten, er oder sie würde uns von ganzem Herzen lieben, konnte die Liebe in uns Einzug halten. Diesen Glauben an die ehrliche und bedingungslos wohlwollende Zuneigung unseres Lieblingsmenschen schützen wir daher so gut und so lange wir können.

> Liebe macht blind: Wir „installieren" unbewusst einen Wahrnehmungsfilter, der ausschließlich auf Gemeinsamkeiten und Positives ausgerichtet ist. Später machen wir es dann umgekehrt und sehen nur das Trennende und Negative.

Doch nicht die Liebe unseres Partners machte uns so unbeschreiblich glücklich, sondern die Offenheit unseres Herzens und die daraus entstehende Konsequenz, dass wir fühlen konnten, wie schön es ist, zu lieben und sich dabei des eigenen Wertes bewusst zu sein.

Im Grunde wissen wir, dass uns nicht die Liebe eines anderen wirklich beseelen kann. Man braucht sich nur die Situation vorzustellen, dass jemand unsterblich in uns verliebt ist, der leider nicht in unser „Beuteschema" passt. Selbst noch so kreative Liebesschwüre und -beweise können uns nicht glücklich und gewogen stimmen. Im besten Fall schmeichelt es uns, im schlechtesten geht es uns sogar auf die Nerven. Die „äußere" Liebe hat also keinen besonders bemerkenswerten Einfluss auf unseren Gemütszustand. Es ist die „innere" Liebe, die uns öffnet und beseelt. Durch sie sind wir angeschlossen an eine höhere Ebene unseres Seins.

Egal ob wir unseren Partner, ein Kind oder ein Tier lieben – lieben erfüllt uns. Lieben heißt, sich offenen Herzens in einem Fluss von hoch schwingender Energie zu befinden, den viele beschreiben als den beglückenden Wunsch, etwas zu geben. Dies ist nicht zu verwechseln mit dem Wunsch, etwas zu bekommen, denn der entspringt nicht der überfließenden Qualität der Liebe, sondern dem Empfinden eines Mangels.

Was bedeutet es für Sie, zu wissen, dass dieses Glück des Verliebens allein mit Ihrer Fähigkeit zu tun hat, Ihr Herz zu öffnen? Überlegen Sie. Sie lesen dieses Buch ja schließlich nicht zum Vergnügen ☺.

Das Ent-lieben

Doch irgendwann beginnt der Prozess des Entliebens seinen unabwendbaren Lauf zu nehmen. Betrachten wir zunächst den „ganz normalen Wahnsinn" in der Entwicklung einer Partnerschaft. Schauen wir dorthin, wo so nach und nach der etwas grauer werdende Alltag einkehrt und man sich gegenseitig für selbstverständlich zu betrachten beginnt. Und im Weiteren vielleicht die kleinen und größeren Streitereien beginnen. Oder auch nur ganz unterschwellig brodeln. Oder man kühler wird. Oder die Situation irgendwann total eskaliert und man sich in gegenseitigen „Vorwurfsschlachten" wiederfindet. Es ist eine Zeit, in der wir offensichtlich unser Herz wieder verschlossen haben – langsam oder ganz plötzlich.

„Jemand zu lieben sagt wenig darüber aus, was mit ihm möglich sein wird, obwohl es sich genauso anfühlt, als wäre alles miteinander möglich", schreibt Michael Mary (siehe Literaturliste). Keiner von uns ist als unbeschriebenes Blatt in die Beziehung eingetreten, sondern jeder bringt eine Reihe von seelischen Wunden und kleineren und größeren Traumata in Bezug auf sein Gefühl von Selbstwert und

Unser Partner hilft uns, alte Wunden und Verhaltensmuster zu erkennen und zu heilen.

Macht über das eigene Leben mit. Wie bei körperlichen Wunden, wo die Haut an den entsprechenden Stellen empfindlicher als an den normalen Stellen ist, sind wir seelisch auch sensibler in den Bereichen, in denen wir früher schon einmal verletzt wurden. Und das, ob wir uns dessen nun bewusst sind oder nicht. Und Berührungen an solchen ehemaligen Wunden, auch wenn es ganz normale Berührungen sind, tun einfach weh. Dann machen wir so schnell wir können „zu" und reagieren, indem wir das tun, was uns damals, in unserer Kindheit, in solchen Situationen am meisten geholfen hat. Wir jammern, schmeicheln uns ein, betteln, drohen, schreien, trotzen – oder tun so, als wäre gar nichts gewesen.

Spüren wir eine körperliche Verletzung, so zucken wir erschreckt zurück. Bei seelischen Wunden – alten wie neuen – verhalten wir uns ganz genauso. Aber weil wir sie im Gegensatz zu körperlichen Verletzungen nicht sehen, können wir sie so schwer erkennen. Deswegen glauben wir manchmal, unser Partner habe uns seelisch mit einer Rasierklinge geschnitten, dabei hat er uns in Wirklichkeit vielleicht nur im Vorbeigehen mit dem Arm gestreift. Manchmal verpasst uns unser Lieblingsmensch natürlich auch einen richtigen „Gong", der uns förmlich niederschmettert.

Aufgrund des kleinen und doch folgenschweren Missverständnisses bezüglich der Ursache von Glück und Leid ist es unumgänglich, dass wir früher oder später in das Schussfeld unseres Lieblingsmenschen geraten bzw. er/sie zur Bildfläche für unsere Projektionen wird.

Wer war nicht schon mal in der Nähe eines Menschen, der gerade latent oder akut gestresst ist, und wurde dann früher oder später der Prügelknabe für dessen Unmut – vielleicht sogar, als man es gerade wirklich gut mit ihm meinte. Beispiele dafür gibt es im Leben eines jeden Menschen wie Sand am Meer. Die Chance, jetzt ein falsches Wort zu wählen, ist sehr groß, denn es gibt nur ganz, ganz wenige richtige in solchen Momenten.

Sarah: *„Wenn mein Freund gestresst ist, dann lässt er es früher oder später immer an mir aus. Ich kann tun oder lassen, was ich will — ich bin immer schuld."*

Umgekehrt kennen wir es ja genauso. Fühlen wir uns schlecht, dann fragen wir uns zeitgleich, wer oder was daran schuld ist. Und wer sich dann in unserem Umfeld aufhält und nicht gerade „Ich liebe dich" ruft, der ist grundsätzlich schon mal hochverdächtig. Das ist ganz normal. Es ist, nebenbei bemerkt, nahezu unmöglich, eine eigene, im Unterbewusstsein schlummernde Unausgewogenheit nicht am Partner abzureagieren, wenn man nicht gezielt darauf achtet, diesen Reflex bewusst zu zügeln.

In dem Moment, in dem es passiert, ist es für uns ganz und gar schlüssig und logisch, dass wir nur deswegen so schlecht drauf sind, weil unser Lieblingsmensch etwas getan oder eben nicht getan hat. Es besteht überhaupt kein Zweifel daran, dass es so ist. Und will uns jemand in diesem Moment vom Gegenteil überzeugen, so outet sich derjenige aus unserer Sicht glasklar als Feind. Unsere Empörung richtet sich innerhalb von Sekunden nun auch gegen ihn und steigert sich noch. Wer

> **Wenn wir aufgewühlt sind, entscheiden wir nur noch digital: 0 oder 1. 0 ist Feind, 1 ist Freund.**

kennt das nicht? Ist man in diesem aufgewühlten Zustand, gibt es nur noch zwei Schubladen: Freund oder Feind. Jeder, der uns komplettes Mitgefühl und Verständnis signalisiert, ist unser Freund. Und jeder, der auch nur den kleinsten Versuch unternimmt, etwas zu relativieren, wird zum Feind.

So empfinden wir nun mal im Zustand schlimmer Seelenqual. Wir sind in Panik, fühlen uns ungeliebt, unverstanden und einsam, in Wut oder Schmerz, und brauchen absolut nur eins: bedingungslose Zuwendung – ohne Wenn und Aber.

Diese Reaktion ist übrigens biologisch begründet. In Situationen, in denen wir eine Bedrohung, Wut, Angst oder Stress empfinden, reagieren wir reflexartig nur noch über das Stammhirn, den ältesten Teil unseres Gehirns. Die Zugangswege zu höheren Denkvorgängen werden unterbrochen, denn die Evolution wusste: Wenn es gefährlich ist, muss es sehr schnell gehen. Es geht ja möglicherweise um Leben und Tod, und komplexere Analysevorgänge würden zu lange dauern. Im Stammhirn wird ganz rudimentär innerhalb von Sekunden zwischen Freund und Feind entschieden. Und im Weiteren zwischen der Wahl der Reaktion: Flucht, Angriff oder Totstellreflex.

Je nach Typ reagieren wir unter Druck reflexartig mit Flucht, Angriff oder Totstellen.

Je nach Persönlichkeitstyp (vergleiche hierzu auch mein Buch „Ich dich auch, Liebling") , unseren „Erfolgsrezepten" aus der Kindheit und aktueller Situation tendieren wir mehr zu einem als zum anderen. So kommt es, dass manche von uns unter Druck sich selbst verraten und sofort die weiße Flagge hissen, andere hingegen völlig ausflippen und auf

Angriff übergehen und wieder andere wie unter Schock stehen und überhaupt nicht mehr reagieren können.

Manche dieser Scheingefechte können wir anschließend als überzogen erkennen, sodass es möglich ist, sich für Überreaktionen zu entschuldigen und zu erklären, warum man eigentlich so grantig oder aufgelöst war. Dann können wir vielleicht sogar miteinander über uns selbst und die Szene lachen.

Mario: *„Es ist manchmal schon erstaunlich, wie schnell sich meine Einschätzung ändern kann, ob L. mich liebt oder nicht. Ein falscher Satz, und ich bin auf 180."*

Die tiefer liegenden, eigenen Themen jedoch, die mit sehr viel größerem Schmerz oder intensiverer, meist unbewusster Angst verbunden sind, werden uns auch nach einem Streit oder nach empfundener Unzufriedenheit in der Partnerschaft nicht so leicht bewusst. Auf diese Weise können wir auch nach dem berühmten „Einmal-drüber-Schlafen" den Teil unserer Verantwortung oft nicht erkennen und halten an unserer Einschätzung fest, im Recht zu sein und schlecht behandelt zu werden. Und das stimmt ja auch — aus unserer Sicht jedenfalls.

Wenn sich der Sturm gelegt hat, erkennen wir oft unsere Überreaktion. Tiefer liegende seelische Traumata jedoch halten uns langfristig gefangen, verhindern die Erkenntnis „am Tag danach". Und damit eine echte Auflösung der inneren Anschuldigung gegen unseren Partner.

Dieses Gefühl bleibt dann als latentes Misstrauen unserem Partner gegenüber in uns und wartet, wie es weitergeht. Und meist geht es weiter. Dann sammeln wir im Unterbewusstsein auf einer Art schwarzen Liste Beweise dafür, dass unser Partner uns vielleicht doch nicht wirklich liebt. Der „Negativfilter" ist entstanden.

Die schwarze Liste

Dies ist die Geschichte der langsamen Entfremdung. Wir bemühen uns anfangs nach Kräften, unserem Lieblingsmenschen zu verzeihen, dass er uns so wehgetan hat. Dabei erkennen wir aber nicht, dass er uns möglicherweise nur versehentlich an einer alten Seelenwunde berührt hat, die von uns selbst endlich gesehen, geachtet, gefühlt und damit geheilt werden möchte. Deswegen sammeln wir auf unserer schwarzen Liste Minuspunkte in Bezug auf unseren Partner. Werden es zu viele, dann haben wir kein Vertrauen mehr. Und das bedeutet, wir verschließen uns immer mehr, bauen Mauern um unser Herz und ziehen uns zurück. Irgendwann haben wir dann einen Filter vor unseren Augen und sehen nur noch das Negative. Was steht auf Ihrer schwarzen Liste? Welche Vorwürfe wüten in Ihrem Bauch, quälen Ihr Herz, kreisen in Ihrem Kopf? Entspannen Sie Ihre Gesichtsmuskulatur und atmen Sie ganz bewusst. Vielleicht tut es Ihnen gut, einmal alles aufzuschreiben? Was hat er/sie alles getan oder unterlassen? Womit hat Ihnen Ihr Lieblingsfeind wehgetan? Schreiben Sie alles auf, was Ihnen einfällt, egal wie lange es her ist und wie lange es dauert. Es erleichtert, wenn es mal raus darf. Jetzt.

Nun haben Sie wahrscheinlich richtig schlechte Laune und einen seltsamen Bauch. Denn das war das Patentrezept dafür: ausschließlich an alles Schlimme zu denken und darin herumzuwühlen. Tun Sie es nicht öfter als nötig und nur in dem Wissen, dass Sie sich gerade selbst die Laune verderben. Doch auch wenn es keinen Spaß macht, es muss mal raus und wir können damit arbeiten.

Julie: *„Meine schwarze Liste ist ganz schön lang. Angefangen bei den vielen Malen, in denen ich mich alleingelassen oder unverstanden gefühlt habe, bis hin zu echten verbalen Gemeinheiten ist alles dabei."*

Pedro: *„Auf meiner schwarzen Liste steht nur eins: dass sie mir untreu geworden ist. Bis dahin dachte ich, alles ist bei uns in Ordnung. Ich bin total im Schock."*

Bei Schritt 1 und 3 der 3-Schritte-Technik kommen wir auf Ihre Notizen zurück. Vielleicht können Sie die Liste zu einem späteren Zeitpunkt auch benutzen, um sich gegenseitig davon zu erzählen. Mehr dazu, auf was dabei zu achten ist, damit dies ein konstruktives Gespräch wird, später unter Schritt 3.

In der Liebe können wir das „kleine" oder das „große Spiel" spielen. Beim kleinen suchen wir im Schmerz immer nach dem Schuldigen, wir versuchen recht zu haben und bekämpfen uns. Beim großen Spiel suchen wir stattdessen nach der versteckten Chance.

> Es geht im Spiel der Liebe nicht um Schuld, sondern um
> Chancen, Selbstverantwortung und Toleranz. Solange
> wir jedoch versuchen, recht zu haben und gegeneinander
> zu kämpfen, nutzen wir diese großartigen Möglichkeiten
> nicht.

Wir können in der Liebe entweder recht haben wollen
oder lernen zu lieben – uns selbst und den anderen. Das
ist gleichbedeutend mit Entwicklung. Es ist müßig, darüber nachzudenken, ob dies der „höhere Auftrag" der Liebe
für uns Menschen ist oder lediglich ein unabwendbares
Nebenprodukt aufgrund unserer menschlich beding-
ten Unvollkommenheit. Tatsache ist jedoch, dass wir uns
enorm entwickeln können, wenn wir an die Liebe mit den
richtigen „Arbeitshypothesen" herangehen.

Unser (un-)heimlicher Wunschzettel

Eigentlich haben wir ja kaum Erwartungen an unseren
Partner. Na gut, ein paar schon. Halt das Normale, das im
Grunde völlig selbstverständlich ist, das auch jeder hat.
Was das im Einzelnen heißt?
Er, unser Lieblingsmensch, soll einfach freundlich mit uns
umgehen und auch mal zu ein paar kleinen Kompromis-
sen bereit sein. Das war's eigentlich schon. Na ja, er sollte

natürlich ehrlich sein – aber das ist ja sowieso klar. Und uns im Alltag ergänzen, also uns das, was wir nicht leiden können oder wozu wir nicht fähig sind, abnehmen; das wäre schon nett. Eben insgesamt zu unserem gemeinsamen Leben etwas Konstruktives beitragen. Ist es nicht normal, dass man sich in der Beziehung gegenseitig unterstützt und verbal wie körperlich so miteinander umgeht, dass es eben passt?

Wir wollen uns natürlich auch gut unterhalten können, wenn uns danach ist, und schweigen dürfen, wenn eben nicht. Und gut wäre es auch, wenn unser Lieblingsmensch ein feines Gespür dafür hätte, wann wir das eine und wann das andere wollen. Er sollte die gleichen Interessen haben, das gleiche Fernsehprogramm bevorzugen, und seine/ihre Außenwirkung auf Freunde, Familie und Bekannte sollte möglichst positiv sein. Mit anderen Worten, es wäre schön, wenn wir stolz sein könnten, an der Seite dieses Menschen zu sein, und uns mit ihm gern identifizieren. Schließlich wollen wir uns durch das Zugehörigkeitsgefühl ja nicht verschlechtern.

Es ist einfach unschön, wenn man in der Beziehung zu unterschiedlichen Zeiten unterschiedlich häufig und dann vielleicht noch auf unterschiedliche Weise Sex haben will, das ist ja mal klar. Also im Bett sollte es schon auch funktionieren. Unser Partner sollte eben ein Gefühl dafür haben, wann wir uns was wünschen, wann wir verführt und wann wir in Ruhe gelassen werden wollen. Er/sie sollte verstehen, wann wir „vielleicht" meinen, obwohl wir erst mal „nein" zum Ausdruck bringen, und wann wir „lieber nicht" meinen, auch wenn wir „vielleicht ja" signalisieren. Es ist doch blöd, wenn man immer alles lang und breit erklären muss – gerade im Bett. So viel Feingefühl müsste doch drin sein, oder?

> Es gibt Erwartungen, die sind gesellschaftlich üblich. Deshalb glauben wir, ein Recht darauf zu besitzen, dass sie von unserem Liebling erfüllt werden. Es gibt auch Erwartungen, die sind sehr individuell. Wir selbst halten sie allerdings meist für so selbstverständlich, dass wir oft nicht mal drüber reden. Und unser Partner weiß so lange nichts davon, bis wir ihm irgendwann die Hölle heiß machen.

Unser Lieblingsmensch sollte uns außerdem aufbauen, wenn wir down sind, und uns ehrliche Anerkennung schenken, wenn wir etwas geleistet haben. Das ist eigentlich eh selbstverständlich. Er soll sich für unseren Tag, unser Denken und Fühlen interessieren, uns verstehen und mit uns übereinstimmen, auch dann, wenn wir uns im Ausnahmezustand befinden und mal total daneben benehmen. Dafür ist er ja schließlich unser Partner. In der Freizeitgestaltung gehört natürlich auch ein gewisses Maß an Übereinstimmung dazu, wie soll man sonst auf schöne

Weise Zeit miteinander verbringen? Apropos Zeit – das Empfinden, wie viel Zeit und wie viel Nähe man miteinander verbringen will und wie, muss natürlich auch passen. Unser Liebling soll auf die gleiche Art und genauso lang Urlaub machen wollen wie wir und ein möglichst ähnliches Empfinden für Ordnung und Ästhetik besitzen – eigentlich logisch. Wie soll man sonst vernünftig zusammenleben können?

Dass der Lieblingsmensch außer uns niemanden auch nur annähernd so interessant, attraktiv, liebenswert und sexuell anziehend finden sollte, ist auch selbstverständlich; außerdem sollte er seinerseits auf sein Äußeres achten und im Leben möglichst erfolgreich und ausgeglichen sein und immer ein offenes Ohr für uns haben. Er sollte uns auch dann attraktiv und begehrenswert finden, wenn wir gerade furchtbar aussehen. Wichtig ist uns natürlich auch, dass er uns den Freiraum zugesteht, den wir brauchen, und keine Erwartungen an uns hat, die wir nicht erfüllen können. Wir wollen schon wir selbst bleiben. Liebt er uns nun, wie wir sind, oder müssen wir uns erst verstellen?

Je ähnlicher man sich in Denken, Fühlen und Handeln ist, umso besser – so empfinden wir es oft. Keine Differenzen, keine Diskussionen, keine Irritationen, keine Selbstzweifel und infolgedessen auch keine Streitereien. Aber auch keine Entwicklung.

In Bezug auf einen Kinderwunsch und bei späteren Erziehungsfragen ist es natürlich notwendig, eine möglichst große Übereinstimmung zu haben. Überhaupt ist es ja klar, dass man als gut funktionierendes Paar in wichtigen Bereichen die gleiche Meinung haben sollte, sonst gibt es womöglich ständige hitzige Debatten. Wer will schon, dass seine Meinung ständig hinterfragt wird? Das Gleiche gilt für weltanschauliche oder politische Ansichten.

Unser Lieblingsmensch soll auch wissen, wann wir das, was wir sagen, im Grunde gar nicht meinen, und wissen, was wir meinen, auch wenn wir es mal nicht ausdrücklich gesagt haben. Dafür kennt man sich ja schließlich lange genug.

> Selbst wenn wir uns mit Worten einig sind über die Spielregeln unserer Partnerschaft, heißt das noch lange nicht, dass jeder auch das Gleiche darunter versteht.

Unser Liebling soll sich natürlich mit uns gegen unsere Feinde verbünden und unsere Freunde mögen. Wir wollen im Übrigen der wichtigste Mensch für ihn sein und das im Alltag auch spüren, hören und sehen. Er sollte unser bester Freund, ein leidenschaftlicher Liebhaber und alltagstauglicher Gefährte sein und uns auch dann ungebremst lieben, wenn wir langsam aus dem Leim gehen und uns phasenweise mal hängen lassen. Er sollte uns eine materielle und alltägliche Hilfe bei der Lebensbewältigung sein und uns, wenn wir krank sind, natürlich mit Hingabe, nicht enden wollender Geduld und Liebe pflegen.

Wahre Liebe würde er, unser Lieblingsmensch, auch dadurch zeigen, dass er unsere mangelnde Selbstliebe auffängt und unsere Schwächen sympathisch findet. Durch sein grundsätzliches Wohlwollen könnten wir uns heil und ganz fühlen, ohne irgendetwas an uns selbst hinterfragen zu müssen. Er sollte uns überhaupt davor bewahren, dass wir uns einsam, klein und hässlich fühlen. Es sollte doch möglich sein, dass unser Liebling dafür sorgt, dass wir uns insgesamt sicher fühlen und harmonisch mit ihm leben können, oder?

Mit einem Wort: Er oder sie soll uns so lieben, wie wir eben sind – mit all unseren Stärken und auch Schwächen, immer und möglichst ohne Ausnahme, und zu einem möglichst hohen Grad unsere Bedürfnisse erfüllen. Und dabei ganz er selbst sein, denn alles andere macht ja keinen Sinn. Das ist doch wirklich nicht zu viel verlangt, oder?

> Wir haben unbewusst jede Menge heimlicher und unheimlicher Erwartungen an unseren Lieblingsmenschen. Die, die er erfüllt, fallen uns gar nicht auf. Die, die nicht erfüllt werden, dafür umso mehr.

Dazu passt folgende kleine Geschichte:

Ein Mann suchte nach der perfekten Frau. Er suchte und suchte, traf sich mit vielen, prüfte und zog weiter. Manchmal glaubte er, sie gefunden zu haben, dann aber entdeckte er doch einen Makel und verabschiedete sich wieder. Als er im Greisenalter einen alten Jugendfreund traf, fragte dieser: „Und? Hast du sie gefunden, die perfekte Frau?" Der Mann nickte und sprach: „Ja, ich habe sie gefunden." Der Jugendfreund ganz begeistert: „Wo ist sie, stell sie mir vor!" Der Alte schüttelte bedauernd mit dem Kopf: „Wir sind leider nicht zusammengekommen." — „Ja, aber warum denn nicht?" fragte bestürzt der Jugendfreund. „Sie war auf der Suche nach dem perfekten Mann."

Bestimmt fällt Ihnen auch noch die eine oder andere kleine, ganz normale Erwartung ein. Haben Sie nicht Lust, sich Ihre ganz persönliche Wunschliste mal aufzuschreiben? Vielleicht sogar genau jetzt? Es ist wirklich gut, sich bewusst zu machen, was man im Leben – und natürlich auch in der Partnerschaft – eigentlich will. Es ist wie ein Wunschzettel ans Christkind. Es darf Freude machen. Jetzt. Wenn man es sich so richtig überlegt, muss man irgendwann dann doch schmunzeln. Es ist eigentlich schon viel, was wir von unserem Lieblingsmenschen erwarten – und er am Ende auch von uns? Und was wohl auf seinem/ihrem Wunschzettel stehen würde? So gesehen ist es im Grunde ein Wunder, dass zwei ganz normale Menschen es so lange miteinander aushalten.

Haben Sie Ihrem Lieblingsfeind eigentlich schon mal irgendwann von Ihren Vorstellungen erzählt – frei und liebevoll? Oder erst „danach" eher vorwurfsvoll und wütend? Wir können uns gegenseitig unsere Wünsche nur erzählen, wenn uns diese bewusst sind, und sie kommen drüben natürlich besser an, wenn dies nicht mit Vorwurf und der Forderung geschieht, der andere möge sich ab jetzt gefälligst daran halten. Das leuchtet jedem ein. Im dritten Schritt der 3-Schritte-Technik können Sie mit Ihrer Wunschliste weiterarbeiten. Dort erhalten Sie auch Anregungen, wie Sie diese Inhalte konstruktiv anbringen können, falls Sie das möchten.

Dies alles sind wichtige menschliche Grundbedürfnisse, daran ist natürlich nicht zu rütteln. Tatsache ist jedoch, dass wir es unserem Partner enorm übel nehmen, wenn er dem einen oder anderen Punkt der Liste nicht nachkommt. Dies ist eine Folge unserer unvollkommenen Kindheit. Es gibt kein Kind, das in perfekter Umgebung aufgewachsen ist, denn auch unsere Eltern sind bzw. waren nur Menschen. Sie konnten nicht immer unsere Bedürfnisse nach Wärme, Geborgenheit, ermunternder Anleitung, Freiraum und be-

Wehe, wenn unser Partner dem einen oder andern Wunsch nicht nachkommt!

dingungsloser, liebevoller Unterstützung in all den vielen Momenten unseres Kindseins erkennen und erfüllen. Hiervon tragen wir alle kleinere und größere Schrammen in unserer Seele und ein riesengroßes, schreiendes Loch mit unerfüllten, meist unbewussten Wünschen und Empfindlichkeiten in uns.

In unserer Kindheit wachsen wir auf in dem Bewusstsein, dass wir sehr abhängig von den vermeintlich absoluten Machthabern, nämlich unseren Eltern oder Erziehungsberechtigten, sind. Hier wird unsere Vorstellung angelegt, Macht nach außen zu projizieren, während wir uns innen abhängig und schwach, ja unvollkommen fühlen. „Kindisch" ist etwas negativ Bewertetes, naiv, dumm, unfähig, während „erwachsen" etwas Positives bezeichnet, nämlich vernünftig, stark, fähig und reif. Aus dieser Zeit kommt der Wunsch, möglichst schnell groß zu werden und der Kindheit zu entfliehen. Daraus wird die Angewohnheit, unsere innere Verletzlichkeit zu unterdrücken. Am Modell unserer Eltern lernen wir geschlechtsspezifisch erwachsen und stark zu sein. Die großen und kleinen seelischen Schocks, die wir als Demütigung, Liebesverlust oder als angstauslösend und einengend erlebt haben, haben wir in unser Unterbewusstsein verdrängt.

In der Beziehung soll nun endlich alles gut werden. Aber dafür ist unser Partner nicht geschaffen. Er hat seine eigenen Probleme.

Liebende haben keinen größeren Wunsch, als sich gegenseitig bis ans Ende ihrer Tage glücklich zu machen, doch es ist schlicht und ergreifend nicht möglich, den anderen immer so zu behandeln, wie er es gerade braucht – und dabei sich selbst noch treu zu sein.

In all den Jahren der Partnerschaftsberatung ist mir noch kein Fall begegnet, in dem einer der Partner den anderen bewusst und absichtlich verletzt hat. Jeder gibt sein Bestes. Wenn einer plötzlich „komisch" wird, dann hat das immer aus seiner Sicht triftige Gründe. Wenn die Beziehung eskaliert, dann sind beide Opfer ihrer eigenen Verzweiflung und reagieren instinktiv und unbewusst. Wie zwei verletzte Tiger, die sich gegenseitig angreifen.

Im Spannungsfeld einer Partnerschaft scheint es nur zwei Möglichkeiten zu geben. Man kann entweder sich selbst zugunsten des Partners zurücknehmen – und muss auf Dauer den teuren Preis der Unzufriedenheit dafür bezahlen. Oder man versucht, notfalls auf Kosten des Partners, seine Wünsche befriedigt zu bekommen. Dies tun wir, indem wir zum Beispiel unsere Bedürfnisse einfordern, über Liebesentzug den Partner manipulieren, drohen und vieles mehr – und auch das wird seine Konsequenzen für die gemeinsam erlebte Innigkeit haben, vor allem auf der anderen Seite.

Beides hat mit bewusster, erwachsener Liebe auf Augenhöhe wenig zu tun. In beiden Fällen agieren wir entweder aus unserem inneren Kind heraus, das versucht, mal durch Einschmeicheln und Betteln, mal durch Quengeln oder indem wir dem Partner üble Schuldgefühle machen, endlich die Liebe und Anerkennung zu bekommen, die es immer vermisst hat. Oder wir agieren aus einer überhöhten Position heraus, indem wir uns über den anderen stellen, und versuchen ihn über Drohungen, mit massiven Forderungen, mit Lautstärke, Gewalt mit Worten oder Taten und mit Strafen aller Art einzuschüchtern.

Die Transaktionsanalyse hat sich mit diesen krankhaften Verhaltensmustern befasst. Es ist eine Herausforderung, im Moment des Schmerzes, der Wut oder Angst, nicht in diese destruktiven Kommunikationsstrukturen hineinzurutschen, sondern selbstverantwortlich auf Augenhöhe mit dem Partner zu bleiben und Offenheit zu üben.

Die Positiv-Liste

Wenn wir wissen, dass uns einiges „stinkt", dann stellt sich manchmal die Frage, warum wir uns *so* eine Partnerschaft überhaupt (noch) antun. Aber wir beantworten diese Frage meist nicht wirklich. Sie ist rein rhetorisch. Doch hier und jetzt wollen wir uns diese Frage beantworten. Was hält mich, warum bin ich immer noch da?

Um hierauf Antworten zu finden, ist es hilfreich, unseren Wahrnehmungsfilter statt auf Nichterfüllung unserer Vorstellungen zur Abwechslung mal wieder auf Erfüllung einzustellen. Also statt weiter an unserer schwarzen Liste zu basteln eine Wunscherfüllungsliste erstellen. Es ist in vielen Fällen ganz erstaunlich, wie viel Positives wir an dem Monster an unserer Seite und dem Leben mit ihm/ihr entdecken können, wenn wir eine Weile ehrlich danach suchen. Wenn Sie mögen, dann experimentieren Sie doch einmal eine Woche lang damit herum. Achten Sie auf alles, was Ihnen an positiven Eigenschaften oder Nebeneffekten einfällt, die Sie an ihm/ihr und Ihrem gemeinsamen Leben erkennen können. Einfach alles. Angefangen von den vielen ganz normalen, nicht nennenswerten Kleinigkeiten, an die Sie sich schon gewöhnt haben – die jedoch im Falle einer Trennung wegfallen würden. Alles, was er/sie im Laufe eines Tages oder Monats für Sie oder für Ihr gemeinsames Leben tut. Bis hin zu Aspekten mit größeren Konsequenzen. Nein, wir reden uns hier nichts schön. Wir versuchen einfach fair zu sein und beides zu sehen – uns selbst zuliebe. Auch, um uns vor bösen Überraschungen nach einer übereilten Trennung zu bewahren. Der Katzenjammer danach kann ja sehr wehtun, also loten wir die Beziehung lieber vorher so fair wie möglich aus. Und jetzt mal ganz

Was hält uns noch? Gewohnheit? Angst? Oder ist da doch noch mehr?

ehrlich: Wenn alles nur schrecklich wäre, dann wären wir doch schon längst über alle Berge. Was hält uns dann? Gewohnheit? Angst? Oder gibt es da vielleicht doch noch etwas anderes?

Petra: „Bei mir kam während der Woche immerhin eine zweiseitige Positiv-Liste zustande, angefangen vom Schleppen der Getränkekästen über einen schönen Urlaub bis hin zum Ballabend zu zweit statt alleine."

Bernd: „Für mich war die Positiv-Liste ein Schock. Da stand nur noch Praktisches für den Alltag drauf und die Steuerklasse."

Es kann natürlich nach Ablauf dieser Woche auch herauskommen, dass zwar vieles sehr erfreulich ist, jedoch manches Unerfreuliche nicht aufwiegt. Experimente sollten immer einen offenen Ausgang haben. Also lassen wir es drauf ankommen. Und machen Sie es schriftlich. Sie können, wenn Sie Lust haben, gleich damit anfangen.

> Wer Nüsse kauft, bekommt auch Schalen. Wir sollten vor einer endgültigen Entscheidung abwägen, ob beides im richtigen Verhältnis steht.

Wie wäre Ihr neues Leben ohne ihn/sie?

Wenn wir die Partnerschaft beenden, dann sind wir wieder auf uns allein gestellt. Das bedeutet, wir sind frei und damit für uns und unser Glück selbst verantwortlich. Ihnen gefällt die Idee? Was würden Sie alles beenden, anders machen, anfangen? Überlegen Sie. Stellen Sie sich doch einfach mal vor, Sie wären wieder alleine. Wie möchten Sie leben? Wie ist Ihr Tagesablauf, wie gestalten Sie die Abende, die Wochenenden, die Urlaube? Welche Freunde bleiben Ihnen? Wie viel Zeit haben die realistischerweise für Sie? Wo könnten Sie neue Bekanntschaften schließen? Wie verbringen Sie Ihre Freizeit? Welche Wünsche erfüllen Sie sich? Wie kommen Sie mit dem Geld zurecht? Wie könnten Sie die neue Situation konstruktiv mit den Kindern umsetzen? Lassen Sie den Antworten, den Gefühlen und inneren Bildern Zeit zu kommen. Jetzt.

Das Ergebnis dieser Überlegungen ist eins der wichtigsten. Was ist bei Ihnen herausgekommen? Und wie fühlen Sie sich jetzt damit? Leicht oder schwer? Empfinden Sie Vorfreude, Angst oder Schmerz? Was sind die wichtigsten Dinge, die Sie ändern würden, ganz konkret, kurz- und langfristig? Wenn Sie Lust haben, dann notieren Sie sich die wichtigsten Aspekte dieser Überlegungen. Wir können diese bei Schritt 3 der 3-Schritte-Technik wieder aufgreifen und auswerten.

Natascha: *„Mir fällt dazu viel ein. Ich würde gern mal mit einer Freundin in Urlaub fahren und es so richtig krachen lassen. Oder abends mit Freunden und Arbeitskollegen ausgehen. Und einen Englischkurs belegen und den Motorradführerschein machen."*

Mark: *„Wenn ich daran denke, bekomme ich sofort Bauchweh. Ein Leben ohne sie, das geht gar nicht für mich."*

Sinnvolle Arbeitshypothesen für das Projekt Liebe

Partnerschaft ist eine freiwillige Angelegenheit zweier unabhängiger Individuen, die sich ihre Liebe schenken wollen. Man kann sie nicht einfordern. Liebe, Macht und Vertrauen sind die drei Dinge im Leben, die wir nur geschenkt bekommen können. Wenn wir einmal verstanden haben, dass unser Partner nicht für unser Glück verantwortlich ist, sondern einfach nur den Auftrag hat, die möglichst beste Variante seiner selbst zu werden, dann entsteht Raum, uns selbst, notfalls mit unseren unerfüllten Sehnsüchten, zu fühlen. Das macht nicht immer Spaß, manchmal aber durchaus. Wie geht es Ihnen damit? Es ist nicht wirklich seine/ihre Schuld, wie wir uns gerade jetzt dabei fühlen. Wenn es nicht sein bzw. ihr Job ist, wer soll dann etwas verändern? Tatsache ist, dass wir *so* nicht leben wollen – egal ob es sich um einen schleichenden Verfall unserer ehemals so schönen Liebesbeziehung handelt oder um einen akuten Hammer, der uns förmlich aus der Bahn geworfen hat.

> Unzufriedenheit ist immer auch ein Hinweis darauf,
> dass wir etwas Besseres verdient haben.
> Und dass es unser Job ist, uns darum zu kümmern.

Jeder Frust zeigt über die gefühlte Intensität an, wie weit entfernt wir uns derzeit von unserer Idealvorstellung befinden, und ist als Aufforderung an uns selbst zu verstehen, etwas zu ändern. Das kann unsere Angewohnheit betreffen, uns abhängig von unserem Partner zu machen, uns über ihn/sie zu stellen oder unsere „Tigerenergie" zu verraten – und uns für Harmonie um jeden Preis zum

Mäuschen zu machen. Es kann die Einstellung zu uns selbst sein, die uns unser Lieblingsmonster spiegelt, oder zum Leben allgemein. Die Unzufriedenheit, die sich in unserer Beziehung zeigt, muss nicht unbedingt etwas mit der Partnerschaft zu tun haben. Es kann auch die Unzufriedenheit über unseren Beruf sein oder unsere Gesundheit betreffen. Es kann unsere finanzielle Situation oder ein Thema im Freundeskreis sein, das von uns selbst positiv geändert werden könnte, oder die Frage nach dem Sinn unseres Lebens aufwerfen. Irgendetwas, das direkt oder indirekt in unserem eigenen Einflussbereich liegt, und das daher durch uns selbst verbesserungsfähig ist und immer lauter nach Hilfe schreit. Was ist es bei Ihnen?

> Immer wenn uns was zwickt, können wir etwas verbessern. Auch wenn es auf den ersten Blick so aussieht, als sollte der, der uns gezwickt hat, damit aufhören.

Um Inhalte unseres Unterbewusstseins wahrzunehmen, können wir lernen, unsere Reaktionen auf die Umwelt als Instrument zu nutzen. Genau genommen geht es anders gar nicht. Wir reagieren auf alles mit irgendwelchen Wertungen – das eine finden wir toll, das andere bescheuert und manches ist uns schlichtweg egal. Intensive Wertungen mit emotionaler Ladung sind ein Zeichen, dass wir bezüglich dieses Themas nicht „in unserer Mitte" sind. Wenn wir an anderen etwas ganz besonders gut finden, dann ist es ein Hinweis darauf, dass wir den unbewussten Wunsch in uns tragen, diesen oder einen anderen Bereich auch zu entwickeln – auf unsere eigene Art und Weise. Das trauen wir uns aber vielleicht nicht. Oder wir trauen es uns nicht zu. Das könnte jedoch eine alte Botschaft aus unseren Kindertagen sein. Was bewundern Sie leidenschaftlich an anderen? Worauf sind Sie insgeheim ein bisschen neidisch? Was könnte das für Ihr eigenes Leben bedeuten – wenn Sie sich trauen würden?

Wenn wir etwas mit gewisser Intensität bescheuert finden, dann hält uns in diesem Bereich jemand einen Vergrößerungsspiegel hin, der uns darauf hinweisen kann, dass wir mit diesem Thema selbst nicht im Reinen sind. Meist tut jemand etwas, das wir uns selbst nicht erlauben. Unterbewusst aber leiden wir unter diesem „Opfer". Was tut Ihr Partner, das Sie zur Weißglut bringt? Und welche Vorteile könnte es für Sie haben, wenn Sie sich, natürlich ganz dezent und auf Ihre eigene Art, etwas davon abschauen würden? Mal ganz ehrlich.

Maria: *„Ich habe es gehasst, dass M. immer so laut war, wenn er heimkam. Irgendwann ist mir aufgefallen, dass ich selbst geradezu durch die Wohnung geschlichen bin, auch wenn niemand zu Hause war. Warum eigentlich? Ich habe mich grundsätzlich benommen, als wäre ich ein Gast, der versucht niemanden zu stören. Ich weiß inzwischen, dass das mit meiner Kindheit zu tun hat. Seit ich das bemerkt* *habe, versuche ich einfach ganz normale Geräusche zu machen, nicht mehr Indianer zu spielen. Und seitdem ärgert mich seine Lautstärke auch nicht mehr. Ich sehe es jetzt immer als Erinnerung für mich an, dass ich auch ein Recht darauf habe, gehört zu werden, und einfach ganz entspannt hier zu Hause sein kann."*

In welchem anderen Lebensbereich handeln Sie auf Ihre ganz eigene Art vielleicht sogar ähnlich, wie Ihr Lieblingsmonster es Ihnen spiegelt, nur dezenter, mit sich selbst oder anderen – ohne es bisher wahrgenommen zu haben?

Dieter: *„Mich hat es immer wahnsinnig gemacht, dass I. immer so nachgiebig ist, wenn andere etwas von ihr wollen, statt darauf zu achten, was sie selbst will. Bei dieser Übung wurde mit schlagartig klar, dass ich im beruflichen Umfeld auf meine eigene Art manchmal genauso faule Kompromisse mache. Jetzt habe ich für sie mehr Verständnis und versuche, mein Verhalten im Job mehr und mehr zu verändern."*

Manchmal unterlässt jemand etwas, zu dem wir uns selbst zwingen oder zwingen würden – obwohl es eigentlich auch nicht unserer Wahrheit entspricht, so zu handeln. Doch wir wurden vielleicht so erzogen, und es ist zunächst undenkbar, daran etwas zu verändern. Ein Vergrößerungs- oder Zerrspiegel sagt uns, dass wir es nicht auf die gleiche, vielleicht wirklich sehr unausgewogene Weise umsetzen sollen wie derjenige, der uns den Spiegel vorhält. Aber vielleicht wäre es sehr heilsam und entspannend für uns, wenn wir in uns dieses Thema, um das es geht – eine Art zu denken, zu fühlen oder zu handeln –, auf ganz eigene

Weise in uns selbst harmonisieren würden. Was könnte das bei Ihnen sein?

Günther: „Ich fand es früher immer unmöglich, wenn meine Frau nicht mit mir zu meiner Mutter gefahren ist, weil sie keine Lust hatte. Ich bin ja schließlich auch immer zu ihren Eltern mitgekommen. Irgendwann hab ich beschlossen, auch nicht mehr jedes Mal mitzugehen, und genieße nun diesen Freiraum sehr. Streit gibt es darüber seitdem auch nicht mehr."

> Wir brauchen den anderen, der uns wahnsinnig macht, um zu erkennen, in welchem Bereich wir unser Leben harmonisieren können, um noch freier, glücklicher oder gesünder zu sein.

Säßen wir wie ein Einsiedler in einer Höhle und meditierten über die Welt, dann hätten wir kein Feedback anhand unserer Reaktionen auf andere. Keine anderen – kein Spiegel. Wir könnten uns einbilden, wir wären erleuchtet, solange uns nicht ein Vogel auf die Schulter kackt. Dann zeigt sich, wie wir drauf sind. Man spricht daher vom Spiegel, den uns Menschen vorhalten oder das Leben im Allgemeinen, ein Spiegel, mit dem wir bis in die Tiefen unseres Unterbewusstseins blicken können. Die Inhalte dieser Tiefen zeigen sich in unserer Reaktion auf diese Auslöser, also in unseren Gedanken, Wertungen, Emotionen und Verhaltensweisen.

Wie benutzen wir nun diesen Spiegel? Wir können uns etwa Fragen wie diese stellen: Wie bewerte und interpretiere ich die beobachtbaren Tatsachen? Deute ich die Situation als gegen mich gerichtet, etwa so: „Männer (oder Frauen) sind gemein". Was dichte ich zu den nackten Fakten hinzu und betrachte es als unumstößliche Tatsache, etwa: „Das tut sie nur, um mich zu ärgern"? Schauen Sie genau hin. Welche Gedanken und Empfindungen in Bezug auf Sie unterstellen Sie Ihrem Lieblingsfeind? Welche Gedanken tun am meisten weh? Fühlen Sie sich zu Hause in der Welt oder als Opfer der Umstände?

So kommen wir uralten Missverständnissen unseres inneren Kindes und schmerzhaften Gefühlen auf die Spur, die uns einengen und davon abhalten, ganz wir selbst zu sein.

Hätten wir eine rundherum nährende, liebevolle Kindheit und Vergangenheit erlebt, so kämen wir nie auf die Idee, irgendein „blödes" Verhalten anderer, irgendeine schwierige Situation als gegen uns gerichtet zu bewerten. Wir würden das Leben und die Menschen annehmen, wie sie gerade sind, staunend, offen, neugierig. Und wir würden spontan die Gefühle zu- und wieder loslassen, die dabei entstehen. Das Leben wäre ein Abenteuer mit einer großen Bandbreite an Gefühlen, und wir würden nichts verdrängen oder vermeiden. Aber in diesem natürlichen Zustand sind wir nicht. Wir nehmen Dinge persönlich und leiden, wir verdrängen Gefühle und projizieren sie später, wenn sie wieder ausgelöst werden, als vergiftete Emotionen auf andere. Wir verschenken unsere Macht und fordern dann von dem Beschenkten, unser Leben zu verbessern. Und das alles, ohne uns dessen bewusst zu sein.

Unser Lieblingsfeind ist besonders gut als Spiegel für all diese Dinge geeignet, denn aufgrund unserer verstärkten Offenheit und Erwartungen an ihn/sie reagieren wir aus weitaus tieferen Schichten als bei oberflächlicheren Kontakten. Je intensiver unsere Qual, umso größer ist meist das Missverständnis in unserer Seele, dem wir damit auf die Spur kommen können. Gut also, wenn man daran interessiert ist, bei sich tief innen aufzuräumen und alle schmerzhaften Missverständnisse zu klären. Denn sie kosten uns Energie, beschränken uns in unserem Handeln und Sein – und gehen zu Lasten unserer Lebensfreude.

> **Unser Lieblingsfeind ist der beste Spiegel, denn er hat direkten Zugang zum Nerv unserer Seele.**

Dumm nur, dass das Leben uns nicht fragt, ob wir das überhaupt möchten. Die gute Nachricht: Wir müssen nicht bei uns aufräumen, wenn wir jetzt keine Lust dazu haben; die Gelegenheit dazu haben wir immer wieder. Das Schlechte dabei: Die Themen, die uns quälen, kommen höchstwahrscheinlich immer wieder aufs Tablett, egal mit welchem Partner. Wir können Schluss machen, kündigen, umziehen, auswandern – wir nehmen uns immer mit, wohin wir auch gehen. Und durch unsere unbewusste Resonanz ziehen wir immer wieder ähnliche Konflikte an. Also macht es durchaus Sinn, irgendwann die Einladung des Lebens anzunehmen und hinzuschauen, damit wir diese schmerzhaften Blockaden, die immer wieder für solche und andere unerfreuliche Wiederholungen verantwortlich sind, in uns auflösen und heilen können. Welche unerfreulichen Wiederholungen gibt es in Ihrem Leben?

Stephanie: „Ich habe mich immer wieder in Männer verliebt, die verheiratet waren, auch wenn es anfangs nicht danach ausgesehen hat. Es war wie verhext. Als sich einer davon von seiner Frau trennte, um mit mir zusammen zu sein, hab ich plötzlich gemerkt, dass ich panische Angst vor einer festen Bindung habe. Das hätte ich vorher niemals gedacht.“

Melanie: „Ich bin immer wieder an Männer geraten, die ein Alkoholproblem hatten und dann gewalttätig wurden. Ich dachte schon, es gibt nur solche. Durch die Therapie und Fragestellungen wie diesen habe ich verstanden, dass ich diese Resonanz deswegen habe, weil mein Vater auch Alkoholiker war und ich mich mit solchen Männern einfach vertraut fühlte – obwohl ich es gehasst hab. Die Angst und das Schamgefühl von damals konnte ich erst aushalten und verstehen lernen, als mir der Wiederholungsmechanismus klar wurde und auch mein ‚unterbewusstes Programm‘ begriffen hat, dass ich etwas Besseres verdient habe.“

Während wir beginnen, solche Verhaltensmuster aufzuspüren und dahinterzuschauen, uns diesem vermeintlichen Monster der Tiefe zu stellen, merken wir, dass es ein Akt der Selbstliebe ist und dass es guttut. Dass wir uns dabei zwar erst noch verletzlicher fühlen, dann aber entspannter, weicher und offener werden. Dass wir an Ausstrahlung und Energie gewinnen, uns selbstbewusster und liebevoller fühlen und ehrlicher werden – mit uns und mit anderen. Dass wir langsam, aber sicher zu der besten Version unserer selbst werden.

Die hilfreichen Arbeitshypothesen für die Liebe

1. Mein Lieblingsmensch liebt mich, so gut er kann, auch wenn es nicht so aussieht. Er hat, genau wie ich, das Recht auf seine Schwächen und Empfindlichkeiten.
2. Probleme in der Partnerschaft können mir zeigen, was mich hindert, der Mensch zu sein, der ich eigentlich bin, und das Leben zu leben, das mir eigentlich zusteht.
3. Außer mir hat niemand die Macht, daran zu arbeiten, dass ich jeden Tag noch ein bisschen freier und glücklicher bin.

Ob diese Arbeitshypothesen wissenschaftlich betrachtet der Wahrheit entsprechen, ist dabei nicht so entscheidend. Entscheidend ist vielmehr, dass wir, wenn wir mit ihnen arbeiten, aus den größten Krisen für uns einen Nutzen ziehen und daran wachsen können.

Die 3-Schritte-Technik

Wie wir aus Enttäuschungen, Schocks und Schmerz lernen und daran wachsen können

Die in diesem Buch vorgestellte Technik ist ebenso persönlich wie universell. Ich habe sie selbst „entdeckt", lange nachdem ich sie unbewusst immer und immer wieder erfolgreich angewendet hatte, und sie später immer wieder in der entsprechenden Literatur in etwas abgewandelter Form wiedererkannt. Es handelt sich dabei offenbar um eine Art Naturgesetz, wie persönliche Entwicklung und Transformation geschieht. Daher gehört es niemandem, und wenn, dann der Natur unseres Menschseins.

Im ersten Schritt lenken wir unsere Aufmerksamkeit ganz und gar auf uns selbst. Das ist, obwohl es das Naheliegendste ist, nicht immer so einfach, weil wir in unserer Qual dazu neigen, wie das Kaninchen vor der Schlange den Fokus auf den anderen zu richten. Dennoch fängt die längste Reise mit dem ersten Schritt an, und der beginnt am Ausgangspunkt. Der Ausgangspunkt sind in diesem Fall wir selbst.

Hier können wir uns Zeit nehmen, uns selbst die Achtung zu erweisen, unsere Gefühle und Gedanken anzunehmen und mit uns selbst mitfühlend und liebevoll zu sein. Hier bekommen Wut, Verzweiflung, Schmerz, Traurigkeit und Angst ein Zuhause und genauso Raum wie unsere Sehnsüchte, Wünsche und zarten Gefühle der Zuneigung. Es geht jedoch noch nicht um eine daraus resultierende Handlung. Wir hören einfach auf, unbewusst gegen uns selbst zu kämpfen, denn bei diesem Kampf bleibt fürs Leben nur noch Mäuseenergie übrig. Wenn wir jedoch mit uns selbst eins sind, egal in welcher Stimmung, dann spüren wir Tigerenergie in uns. Tiger sind Schmusekatzen oder Raubtiere – je nachdem, was die Situation erfordert.

Kämpfen wir gegen uns an, haben wir Mäuseenergie. Sind wir eins mit uns selbst, spüren wir Tigerenergie.

Anhand verschiedener Fragestellungen können wir in diesem Abschnitt Themen nachgehen, die mit uns selbst zu tun haben. Wichtig sind hier vor allem Fragen nach unserer inneren Kraft und unserer inneren, verletzlichen Befindlichkeit in der aktuellen Situation. Wenn wir uns mit ihnen auseinandersetzen, bringen wir Ordnung und Klarheit in unser Innenleben.

Beim zweiten Schritt gehen wir der Frage nach: Wie kann man nur so sein bzw. wie kann er/sie mir das nur antun? Normalerweise ist uns im Beziehungskonflikt irgendetwas fremd und unverständlich, ja, wir hassen es vielleicht sogar. Daher ist auch dieser Schritt kein leichter. Wenn wir ein Verhalten ablehnen, wenden wir uns innerlich ab, reagieren emotional über oder werden aggressiv.

Schritt 1 heißt „Mit dem Tiger Kontakt aufnehmen", weil in unseren Gefühlen eine unglaublich kraftvolle Energie steckt – auch wenn wir glauben, gerade ein Mäuschen zu sein.

Schritt 2 heißt „Als Tiger in den Spiegel blicken", weil wir nun die Situation, die Motive, Gedanken und Gefühle unseres Partners ausloten und daraufhin abklopfen, was das vielleicht mit uns zu tun haben könnte.

Schritt 3 heißt „Den Tiger reiten", weil wir hier die gewonnenen Erkenntnisse benutzen, um uns von der dadurch freigewordenen Energie in einen neuen Lebensbereich tragen zu lassen.

Im zweiten Schritt begeben wir uns also auf „Feindgebiet". Als Maus schauen wir weg – als Tiger hin. Wir versuchen auszuloten, was dort drüben los ist, und verwenden dazu alle Fähigkeiten, Informationen und Fakten, die wir haben und bekommen können. Darüber hinaus nützen wir unsere Intuition, unsere Menschenkenntnis und unser Vorstellungsvermögen – alles in dem Bemühen, nicht nur mehr Informationen über unseren Partner zu gewinnen und auf faire Weise sein „Menschsein" besser verstehen zu können, sondern auch um die Angel auszuwerfen in den See der Selbsterkenntnis.

Als Maus schauen wir weg – als Tiger hin.

Um die Fragen des zweiten Schritts wirklich vertieft beantworten zu können, ist es notwendig, die Panik und Aversion für einen Moment zur Seite zu legen. Denn erst dann können wir die Erkenntnisse gewinnen, die wir bisher nicht hatten, zum Beispiel: Wie sieht es möglicherweise von seiner/ihrer Warte aus, was könnte die Botschaft des Lebens für mich im Spiegel dieses Verhaltens sein? Die Antworten können mit unserem Lieblingsfeind, aber auch mit uns selbst zu tun haben.

Im dritten Schritt bergen wir den Schatz der Erkenntnis. Hier münden unsere Ergebnisse aus Schritt 1 und 2 in eine Synthese, die klar werden lässt, in welche Richtung es ab jetzt geht. Dieses „neue Tun" kann ein anderes Verhalten sein, eine kraftvolle Handlung mit Konsequenzen, eine effektive Aussprache, eine einseitige Ansage mit Tiefenwirkung, eine Entscheidung, aber auch eine innere, radikale Veränderung des Blickwinkels. Es kann auch eine Transformation der Gefühle sein, die rein äußerlich kaum erkennbar ist – aufgrund derer Sie sich innerlich jedoch ganz anders und viel besser fühlen.

Der, der den Tiger reitet, hat seine Macht über sich selbst angenommen. Wir stehen nicht mehr unter dem Zwang, instinktiv und blindwütig aus unserem Unterbewusstsein heraus zu reagieren, empfinden uns nicht mehr als Opfer, nicht mehr als Bettler für ein bisschen Liebe, sondern fühlen die Kraft und die Würde der Selbstverantwortung. Wir weigern uns ab jetzt, uns selbst zu verraten oder panikartig wild um uns zu schlagen und dabei vielleicht etwas zu zerstören, das für uns sehr wertvoll ist. Wir entscheiden und handeln vielmehr aus der ruhigen Kraft unseres Herzens, die aus dem Einssein mit uns selbst entsteht und die Mitgefühl mit dem anderen erst möglich macht. Was immer daraus entsteht, ist etwas Gutes und Freundliches für alle Beteiligten − selbst wenn es ein Schlussstrich unter eine für uns destruktive Partnerschaft wäre.

Vorbereitungen

Die 3-Schritte-Technik eignet sich besonders dafür, sie an einem Ort durchzuführen, an dem Sie sich ungestört, sicher und geborgen fühlen. Wenn Sie nun mit mir gemeinsam den ersten Schritt der 3-Schritte-Technik gehen möchten, dann ist es gut, ein paar kleine Vorbereitungen zu treffen, die es Ihnen leichter machen. Wenn Sie ein paar entscheidende Weichen stellen, haben Sie für Ihren Klärungstermin die Ruhe, die Sie brauchen.

Sorgen Sie dafür, dass kein Telefon, kein Handy und falls möglich kein Klingeln an der Haustür Ihren sensiblen Prozess stört. Entscheiden Sie vorher, dass Sie nicht an die Tür gehen, falls Sie die Klingel nicht abstellen können. Wir brauchen diesen Raum der Ruhe und Konzentration für dieses Klärungsritual. Falls Sie mit anderen Menschen zusammenwohnen, geben Sie Bescheid, dass Sie Ihre Ruhe haben wollen, und schließen Sie die Tür hinter sich. Wer mag, kann sich wieder etwas zum Schreiben mitnehmen, etwa ein Notizbuch.

Schritt 1:
Mit dem Tiger Kontakt aufnehmen

Wir können uns am besten mit unserer inneren Energie verbinden, wenn wir unsere Stärken, aber auch unsere Schwächen kennen und den Mut haben, beides zu fühlen. Darum geht es in diesem Schritt. Darüber hinaus geht es darum, uns selbst die Achtung zu erweisen, unsere aktuellen Gefühle voll und ganz wahrzunehmen und uns mit Selbstliebe zu begegnen, damit wir uns nicht selbst niedermachen und unsere Energie gespalten wird.

Tiger jagen oder kämpfen nur, wenn es ihrer Selbsterhaltung dient. Ansonsten genießen sie würdevoll und entspannt das Leben. Sie sind schnell, kraftvoll und stolz. Aber auch zärtlich und fürsorglich. Wenn sie verletzt sind, ziehen sie sich zurück und lecken ihre Wunden. Egal in welcher Situation sie sich befinden, sie wissen um ihre Kraft. Fangen wir an, den Kontakt zu unserer inneren Tigerenergie aufzunehmen.

Ein Symbol finden

Erinnern Sie sich zunächst an eine Situation, in der Sie sich stark, entspannt und selbstbewusst fühlten. Es ist völlig egal, in welchem Zusammenhang und in welcher Zeit dies der Fall war, Hauptsache Sie fühlten sich so sicher, dass Sie innerlich aufrecht und offen waren. Vielleicht innerhalb Ihrer Herkunftsfamilie, vielleicht im Freundeskreis, in der Schule oder mit einem guten Freund oder einer Freundin. Vielleicht im Zusammenhang mit der Arbeit, der Freizeit, einem Hobby oder irgendetwas anderem. Jedenfalls eine Situation, in der Sie zumindest für einen Moment lang einfach gern Sie selbst waren. In dem Sie vielleicht wussten, dass es Menschen gibt, die Sie gern haben, und Sie sich selbst auch leiden konnten. In dem Sie wussten, dass Sie wie jeder Mensch Stärken und Schwächen haben, und das für Sie in Ordnung war. Am besten ist eine Situation, in der Sie gerade auf der Stärken-Seite unterwegs waren und irgendwie über Ihren Schwächen standen oder gar nicht daran dachten. Ein Moment, in dem Sie sich so kraftvoll und selbstbewusst fühlten, dass Sie mit einem offenen Herzen dem Leben direkt und entspannt in die Augen blickten.

Nehmen Sie Kontakt mit Ihrer inneren Stärke auf.

Vielleicht haben Sie in diesem Moment etwas erreicht, auf das Sie stolz sein konnten, oder Sie waren, warum auch immer, glücklich. Aber Achtung: Die Situation sollte nichts mit Ihrem Lieblingsfeind zu tun haben! Sie wissen schon: Es gab bzw. gibt ein Leben ohne ihn/sie. Wählen Sie also eine solche Situation aus. Sie können dabei die Augen schließen und das Buch zur Seite legen, wenn Sie möchten. Eine aufrechte Körperhaltung, vielleicht im Stehen, auf jeden Fall mit aufrechter Kopfhaltung und entspannten Schultern hilft Ihrem Erinnerungsvermögen dabei, eine solche Situation zu finden.

Sie können auch Ihre Jacke anziehen und währenddessen ein bisschen spazieren gehen. Je größer Ihr Frust, umso empfehlenswerter ist die Naturversion. Auch hier gilt: aufrechte Körper- und Kopfhaltung. Behalten Sie auf jeden Fall konzentriert Ihr Ziel im Auge, eine starke Situation zu finden.

Falls Sie ein bisschen rausgehen und draußen Ihre Erinnerungssituation ausgewählt haben, bringen Sie am Rückweg bitte ein Symbol mit zurück. Einen Stein, eine Wurzel oder irgendetwas anderes, das Sie finden, sobald Sie Ihre starke Situation haben. Wenn Sie sich jetzt wünschen, dort draußen in der Natur etwas zu finden, das Sie gern als Symbol der Kraft in Ihr Leben begleitet, dann finden Sie auch etwas Passendes, das gern „mitkommen möchte". Mit diesem Symbol arbeiten wir später weiter. Finden Sie jetzt eine richtig gute Situation.

Manchen fällt sofort etwas ein, andere kramen eine Weile tief in ihrer Vergangenheit. Manchen gaukelt auch der innere Kritiker erst mal vor, dass es noch nie eine so positive Situation gab. Dann hilft es, ein bisschen hin- und herzulaufen und weiter darauf konzentriert zu bleiben. Es gibt in jedermanns Leben auch gute Situationen. Manche müssen auch einen zweiten Anlauf nehmen und noch mal diszipliniert und konzentriert geistig daran arbeiten, dann am besten in einer anderen Umgebung als beim ersten Versuch. Die Körperhaltung ist dabei ganz entscheidend.

Mit hängenden Schultern, verbissenem Gesichtsausdruck und hängendem Kopf finden wir keine Situation, in der wir stark waren. Nehmen Sie die Körperhaltung und Mimik ein, die Sie haben, wenn Sie richtig gut drauf sind – dann geht es viel leichter. Probieren Sie es aus!

> **Mit hängendem Kopf finden wir keine selbstbewusste Situation.**

Sie haben also schließlich eine solche Situation gefunden. Gut. Wenn Sie draußen waren, haben Sie ein Symbol mitgebracht. Super. Falls Sie drinnen geblieben sind, schauen Sie sich nun bitte um und finden Sie hier ein Symbol dafür. Es kann ein Schlüssel sein, ein Dekorationsobjekt oder was auch immer. Am besten ist allerdings etwas Einzelnes, Kleines, das Sie auch in die Hosentasche stecken könnten, vielleicht ein kleiner Halbedelstein, ein Kristall oder eine Figur, vielleicht ein kleiner Engel oder eine Glücksmünze? Nehmen Sie aber auf keinen Fall eine Blumenvase, die sieht in der Hosentasche immer so unelegant aus und könnte zu Missverständnissen führen.

Wir beginnen nun damit, zwei Plätze festzulegen. Einen, an dem Sie stark und aufrecht sind, und einen, an dem Sie sich ganz Ihrem Gefühl hingeben und „schwächeln" dürfen – Heimat für die weiche Seele in uns. Es sollten zwei Plätze sein, die mindestens ein paar Meter auseinander, idealerweise sogar in einem anderen Zimmer liegen. Gehen

Sie in Ruhe durch die Wohnung oder Ihr Lieblingszimmer und suchen sich für beides einen geeigneten Ort aus. Rechnen Sie damit, dass die Stimmungen den Platz möglicherweise bleibend einfärben, und wählen Sie ihn daher ganz bewusst aus. Sie können die Plätze ab jetzt auch regelmäßig nutzen, wenn Sie an dieser inneren Arbeit Gefallen finden. Dann werden die Plätze und damit die Wirkung für Sie von Mal zu Mal stärker.

Und dann bereiten Sie beide ein bisschen ansprechend vor. Vielleicht für den Gefühlsplatz eine Kuscheldecke, ein Kissen, Taschentücher, eine Kerze … Es ist nicht wichtig, doch es tut unserer Seele gut, wenn wir es schön finden. An den anderen Platz legen oder stellen Sie Ihr Symbol der Stärke, das Sie vorhin ausgesucht haben.

Unseren Kraftplatz aufladen

Wir beginnen an dem Kraftplatz. Nehmen Sie Ihr Symbol der Stärke in die Hand. Setzen oder stellen Sie sich hin und lassen Sie diese starke Situation vor Ihrem inneren Auge aufleben, als wäre es hier und jetzt. Sie erinnern sich an alles, was hilfreich dabei ist, Ihren Kraftplatz positiv aufzuladen. Lesen Sie erst weiter, wenn Sie Ihre Situation innerlich relativ präsent haben.

Sie können nun jede Frage und jeden der folgenden Absätze einzeln durchgehen, sich dabei die Fragen geistig beantworten und, wenn Sie möchten, ganz am Schluss alle Fragen noch einmal schriftlich festhalten. Das stabilisiert den guten Augenblick in Ihnen noch mehr. Fangen wir an.

Wir machen nun eine Art Zeitreise in Ihre Vergangenheit und begeben uns in Gedanken wieder an jenen Ort in jener Zeit, der wirklich gut und kraftvoll für Sie war. Schauen Sie sich um: Wie sieht es dort aus, wer ist anwesend? Spielt sich die Szene in einem Raum oder in der Natur ab? Vielleicht erkennen Sie sogar irgendwelche Farben, oder ist das Bild eher schwarz-weiß? Wie nah oder fern sind Menschen, Tiere, Pflanzen, Gegenstände? Ist Ihr Bild gestochen scharf oder eher vage und mit Weichzeichner aufgenommen? Ist es eher eine Fläche vor Ihnen, mit oder ohne Bilderrahmen,

Machen Sie eine Zeitreise zu Ihrem früheren Selbst, als Sie sich aufrecht, selbstbewusst und offen gefühlt haben.

oder dreidimensional, 360 Grad? Sind es bewegte Bilder oder eine Art Foto? Sehen Sie sich darin oder schauen Sie gerade aus Ihren Augen hinaus in diese Szene um Sie herum? Was ist noch zu sehen? Schauen Sie sich genau um, es ist Ihre Situation. Und dann machen Sie die Szene noch strahlender und schöner. Drehen Sie so lange an dem Knopf „Optimaleinstellung", bis es keine optische Steigerung mehr gibt. Jetzt.

Und nun schauen Sie sich Ihr Symbol an – inwiefern erinnert es Sie an diese Situation, was ist ähnlich im übertragenen Sinne? Entwickeln Sie Kreativität. Machen Sie erst weiter, wenn Sie die Verknüpfung zu Ihrem Symbol hergestellt haben.

Und welche Geräusche sind da? Wenn es auch Stimmen gibt, wie klingen die? Wie nah oder fern, laut oder leise sind sie? Wenn irgendetwas Wichtiges gesprochen wird, was ist es? Hören Sie die Worte oder den Klang der Situation noch einmal, als wäre es jetzt.

Was sehen, hören, riechen oder schmecken Sie? Wie fühlen Sie sich?

Welche Hintergrundgeräusche gibt es zusätzlich? Was hören Sie noch? Natur, Vögel, Musik? Wenn es noch etwas gibt, das den „Sound" dieser Situation toppen würde, dann spielen Sie diesen Klang jetzt ein. Und dann machen Sie mit Ihrem Symbol ein Geräusch. Warum passt dieser Klang gut dazu? Lassen Sie sich was einfallen. Jetzt. Lesen Sie erst weiter, wenn Sie das alles innerlich vollzogen haben.

Wie fühlen Sie sich hier? Sie können sich Zeit lassen, in Ruhe in sich hineinzuspüren. Wie ist Ihre Körperhaltung in diesem kraftvollen, wunderbaren Moment? Bewegen Sie sich in dieser Situation oder befinden Sie sich „nur" in innerer Bewegung? Und welche Bewegung ist es? Wie fühlt sich Ihr Körper gerade an, wo im Körper spüren Sie am meisten, dass es Ihnen gut geht? Wie fühlt sich das jetzt genau an? Welche Temperatur herrscht hier und welche Atmosphäre? Wie fühlen Sie sich mit sich selbst? Und wie mit Gott und der Welt? Wie würden Sie sich selbst beschreiben in dieser Situation? Was sind Ihre Stärken? Was ist an Ihnen liebenswert? Erlauben Sie sich, das alles jetzt zu fühlen. Und dann lassen Sie dieses Gefühl noch stärker werden. So intensiv und wundervoll, dass es nicht mehr zu toppen ist. Und anschließend fühlen Sie Ihr Symbol in Ihrer Hand, sein Gewicht, seine Form und Temperatur. Welche Ähnlichkeiten gibt es? Vielleicht im übertragenen Sinne? Machen Sie erst weiter, wenn Sie die Verbindung zu Ihrem Symbol hergestellt haben.

Vielleicht sind da auch Düfte oder spezielle Gerüche in der Luft, die markant für diesen Moment sind? Und wenn ja, wie intensiv oder dezent sind die? Sie können sich Zeit lassen, in diese Situation genüsslich hineinzuschnüffeln ... Und dann fügen Sie vielleicht noch einen Duft Ihrer Wahl hinzu, der Ihre Nase glücklich macht. Lassen Sie sie eintauchen in den perfekten Duft Ihrer Situation. Und dann schnuppern Sie an Ihrem Symbol. Was daran passt irgendwie mit dem Duft Ihrer Situation zusammen? Ihre Kreativität ist gefragt. Machen Sie erst weiter, wenn Sie die Verknüpfung mit Ihrem Symbol durchgeführt haben.

Und wie ist es mit dem Geschmack? Wird in dem Moment vielleicht etwas gegessen oder getrunken, geknabbert oder genascht? Welchen Geschmack hat dieser Moment, vielleicht auch im übertragenen Sinne? Und welcher echte Geschmack würde perfekt dazu passen? Und dann sehen Sie Ihr Symbol an und stellen sich vor, dass es genau diesen Geschmack hat. Aber reißen Sie sich zusammen und essen Sie es nicht auf! Wir brauchen es noch.

Wenn es Ihnen gelungen ist, diese Situation der Stärke mithilfe Ihrer Konzentration auf alle fünf Sinne wiederauferstehen zu lassen, dann können Sie, wenn Sie Ihren inneren Kraftplatz noch stabiler machen möchten, jetzt alle Details genau aufschreiben. Das ist wie eine Art sicherer Anker in der manchmal rauen See des Lebens und hilft Ihnen zu einem späteren Zeitpunkt, dieses gute Gefühl schnell wieder aufzurufen. Das Symbol hat sich ebenfalls mit dieser positiven Schwingung verbunden und gibt Ihnen, wann immer Sie eine Portion davon brauchen können, etwas davon ab. Probieren Sie es aus! Wie geht es Ihnen jetzt eigentlich, nach dieser geistigen Übung? Wenn es Ihnen gut geht, dann wissen Sie ja jetzt, wie es funktioniert.

Wenn Sie mit Ihren Notizen fertig sind, lassen Sie bitte Ihr Symbol an dem Kraftplatz liegen. Sie wissen, Sie können dorthin jederzeit zurückkehren und Energie tanken. Es ist Ihre ganz persönliche Erfahrung und ein Teil Ihres Wesens. Das sind Sie, wenn Sie in Ihrer kraftvollen Tigerenergie sind.

Nun widmen wir uns unserer weichen Seite. Ihr Notizbuch nehmen Sie ruhig mit. Blättern Sie um. Auch an Ihrem Rückzugsort gibt es wahrscheinlich das eine oder andere Wertvolle, das Sie sich in einem weiteren, ganz persönlichen Kapitel aufschreiben möchten.

Unseren Rückzugsort einrichten

Bevor wir uns hier niederlassen, kann es gut sein, sich vorher zu überlegen, wen man anrufen könnte, falls man später mit einem Freund über alles reden möchte, und vielleicht schon mal sicherzustellen, ob derjenige dann auch erreichbar ist.

Wirklich wichtig ist, dass wir danach keinen Termin haben. Dann können wir uns für den Prozess völlig entspannt so lange Zeit lassen, wie er eben dauert, und machen uns auch keine unnötigen Gedanken, wie wir später aussehen, falls wir vielleicht Tränen erlauben wollen – man weiß ja nie. Vielleicht möchten Sie auch etwas Bequemes anziehen? Wer es ganz gründlich machen will, kann seine schwarze Liste bereitlegen.

Sie wissen, dass Sie, falls es Ihnen zu viel wird oder zu lange dauert, jederzeit aufhören können. Sie können in diesem Fall zum Beispiel wieder aufstehen, duschen, dann spazieren gehen und sich danach positive Energie

Sie können jederzeit aufhören.

von Ihrem Kraftplatz holen. Das hat sich schon bei vielen bewährt. Sie können auch den guten Freund bzw. die gute Freundin anrufen. Und vor allem können Sie einfach diszipliniert wieder an etwas anderes, Positives denken.

Gedanken lenken unsere Aufmerksamkeit. Und auf was wir unsere Aufmerksamkeit richten, das erscheint uns größer. Manchmal sogar so groß, als wäre es das Einzige – was natürlich nicht stimmt. Sie wissen das. Wenn Ihnen Ihr Gefühl an diesem Platz des Loslassens später irgendwann „zu groß" werden sollte, dann lenken Sie Ihre Aufmerksamkeit wieder auf etwas anderes, Erfreuliches; dadurch wird es automatisch wieder kleiner. Und weil Sie das wissen und können – siehe Kraftplatz –, schauen wir nun liebevoll den Schmerz in unserer Seele an und wer weiß, was noch alles.

> Anfangs braucht es vielleicht ein bisschen Überwindung, sich mit sich selbst zu befassen. Bis wir merken, dass es guttut. Und dann wird es immer leichter und nährt uns.

Nun geht es um unsere Weichheit und das Loslassen. An seinem Rückzugsort leckt sich der Tiger die Wunden, wenn er welche hat, und ruht sich aus. Er ist mit sich selbst im Reinen und nimmt das Leben, wie es gerade ist.

Zu Beginn legen Sie vielleicht eine ruhige Musik ein, legen sich – nur für alle Fälle – ein paar Taschentücher zurecht und zünden, wenn Sie mögen, eine Kerze an. Denken Sie sich nun um Ihren Platz einen hellen, strahlenden Kreis aus Licht. Dieser Kreis soll Ihr Unterbewusstsein daran erinnern, dass Sie Ihr eigener, liebevoller Heiler sind, und Sie während der Sequenz beschützen, sodass Sie weder in destruktives Selbstmitleid noch in Selbstvorwürfe abgleiten. Sehen Sie den Lichtkreis vor Ihren inneren Augen, geben Sie ihm Ihren „Auftrag" und betreten Sie dann Ihren Rückzugsort. Fühlen Sie als Erstes das sanfte Leuchten Ihres Schutzkreises. Und dann machen Sie es sich kuschelig und möglichst bequem und schenken sich selbst diese Zeit.

Zeit, in der Sie sich versprechen, mit sich selbst liebevoll und mitfühlend zu sein. So, wie wir es mit jemandem sind, den wir mögen. Und so, wie wir es uns vielleicht von unserem Partner wünschen. Normalerweise sind wir nicht gewöhnt, mit uns selbst auf diese Weise umzugehen, sondern wenn, dann mit anderen. Das macht aber nichts. Es gibt für alles ein erstes Mal.

Es gibt da ein Problem in Ihrer Partnerschaft. Ein schleichendes, ein hitziges, ein schmerzhaftes; vielleicht auch ein erschreckend kaltes, untreues oder ein einengendes; vielleicht ein einsames oder eifersüchtiges; möglicherweise ein beängstigendes oder belastendes, auf jeden Fall ein quälendes, vielleicht sogar ein schockierendes. Ihr Partner bzw. Ihre Partnerin hat irgendetwas getan, das für Sie unerträglich ist, oder auch unterlassen. Vielleicht sogar immer wieder und schon über einen längeren Zeitraum. Unvorstellbar und unverständlich. Geradezu **Öffnen Sie sich ganz bewusst und werden Sie weicher.** unglaublich eigentlich. Spüren Sie die innere Verschlossenheit und Bitterkeit, die damit einhergeht. Fühlen Sie, wie verspannt die Muskulatur in Ihrem Gesicht ist, wenn Sie daran denken, und dann beginnen Sie, sich ganz bewusst zu öffnen und weicher zu werden – für sich selbst.

Denken Sie an diese unerträgliche Situation. Lassen Sie innerlich die Bilder aufsteigen, die möglicherweise dazugehören, und hören Sie die Dinge, die vielleicht gesagt wurden. Atmen Sie dabei tief. Und öffnen Sie Ihr Herz für Ihr

Gefühl, Ihren eigenen Schmerz, das Scham- oder Schuldgefühl, den Schock, die Wut, was auch immer. An diesem Platz sind wir sozusagen unser eigener innerer Heiler, der vorsichtig und mitfühlend nach der seelischen Wunde tastet. Zeigen wir uns selbst mutig und vertrauensvoll diese Verletzung. Wenn Luft hinkommt, kann sie besser heilen.

Jürgen: *„Ich habe anfangs überhaupt nichts gefühlt und dachte schon, das klappt nicht bei mir. Später wurde mir dann klar, dass dieser Druck im Magen etwas ist, was damit zu tun haben könnte."*

Janina: *„Kaum hab ich mich hingesetzt und entspannt, sind auch schon die Tränen gerollt."*

Da wir komplexe, multidimensionale Wesen sind, kann unser Leid in verschiedenen Ebenen sitzen: in der mentalen, in der emotionalen, in der körperlichen. Wahrscheinlich ist, dass es überall sitzt. Also erforschen wir alle Ebenen. Welche Gedanken kehren in Bezug auf das Thema immer wieder und wieder? Welche davon führen uns näher an den Schmerz? Welche Vorstellungen, Bilder oder Sätze müssen wir in unserem Kopf produzieren, dass es uns noch schlechter geht? Probieren Sie es aus, aber dieses Mal machen Sie es ganz bewusst und bleiben dabei ein innerer, vertrauter Beobachter mit einem großen, offenen Herzen für sich selbst. Ein Beobachter, vor dem uns nichts peinlich sein muss. Gehen wir sensibel dieser Spur des Schmerzes nach.

Was, glauben wir, denkt der andere über uns, was fühlt er wohl in Bezug auf uns? Was tut dabei am meisten weh?

Atmen Sie, liebevoll mit sich selbst, tief ein und aus und lassen Sie sich Zeit. Erlauben Sie jede fühlbare Reaktion. Wo im Körper spüren Sie Ihre emotionale Antwort auf diese Gedanken, und wie genau fühlt es sich an? Stechend, bedrückend, heiß, weitläufig über den ganzen Herz- und Bauchbereich oder nur an einer ganz bestimmten Stelle? Und wenn ja, an welcher? Als Schmerz, als Druck, als was? Lassen Sie sich Zeit, auf diese Fragen Ihre ganz persönlichen Antworten wahrzunehmen.

> **Erlauben Sie jede fühlbare Reaktion.**

Und welches Gefühl bringen Sie mit diesem Körperereignis in Verbindung? Ist es eher Wut? Eher Verzweiflung? Oder mehr Traurigkeit, Einsamkeit, das Gefühl, nicht gesehen, geliebt und verstanden zu werden? Fühlen Sie sich verraten, belogen, benutzt oder unterdrückt? Oder unfair behandelt, abgewertet oder etwas ganz anderes? Ist es Angst, eine falsche Entscheidung zu treffen, oder eher ein Schuldgefühl, das Sie belastet? Was ist es bei Ihnen? Warten Sie mit freundlicher Geduld auf Antworten aus Ihrem Inneren. Jetzt.

Unsere innere Verletzlichkeit ist es meist nicht gewöhnt, so viel Aufmerksamkeit, so viel echtes mitfühlendes Interesse zu bekommen. Deswegen kann es sein, dass die Antworten nicht wie aus der Pistole geschossen kommen. Wir fragen uns etwas und warten dann. Offen und feinfühlig. Und manchmal sind Antworten sofort da, vielleicht als Körperempfindung oder als Erinnerung, vielleicht als Gedanke, vielleicht als inneres Bild. Manchmal steigen unsere Antworten nach und nach auf. Und manchmal ist da einfach Stille. Schwärze. Tiefe. Sonst nichts. Atmen Sie in Ihre ganz persönliche Offenheit hinein, der Offenheit sich selbst gegenüber. Atmen Sie Mitgefühl und Geduld ein und aus. Mitgefühl und Geduld Ihnen selbst gegenüber.

> Es ist ein Geschenk der Selbstliebe, wenn wir uns die Zeit und den Raum nehmen, einmal ganz und gar für uns selbst da zu sein. Bedingungslos und freundlich.

Legen Sie Ihre Hand auf den Bereich Ihres Körpers, wo Sie die meiste Anspannung oder den größten Schmerz fühlen. Unser Körper ist so ein treuer Freund, er versucht uns immer, so gut es geht, den emotionalen Schmerz abzunehmen und stellt sich dafür ersatzweise zur Verfügung. So entstehen die sogenannten psychosomatischen Beschwerden wie Rücken- oder Magenschmerzen, Tinnitus, Kopfweh, Schlafstörungen und, und, und. Und das oft ohne erkennbaren emotionalen Zusammenhang. Doch es gibt ihn immer; und manchmal schafft es unser Körper nicht mehr alleine, dann tut es auf allen Ebenen weh. Wie ist es gerade bei Ihnen?

Öffnen Sie sich Ihrem Gefühl, Ihrem Körper und erkunden Sie freundlich und voller Mitgefühl, anstatt irgendetwas abzuwerten. Was heißt eigentlich, es geht uns „schlecht"?

Was heißt es für Sie genau jetzt? Erlauben Sie sich, dieses Gefühl zu spüren, es tut uns nichts. Es ist nur die innere Antwort auf die Situation. Ein innerer Hilferuf an uns selbst. Es wird Zeit, dass wir ihn hören und uns liebevoll in die Arme nehmen. Zeit, dass wir für uns selbst da sind.

Wenn sich Tränen schüchtern ankündigen, dann erlauben Sie ihnen zu kommen. Weinen baut sehr viel Stress im Körper ab. Wenn in Ihren Eingeweiden der Schmerz tobt, dann sagen Sie liebevoll „Ja" zu ihm, „ich spüre dich, ich bin bei dir". Wenn aus Ihrem Bauch die Wut aufsteigt in ihrer heißen, expandierenden Art, dann begrüßen Sie sie. Es ist unsere ureigenste Lebenskraft, die Instinktenergie des Tigers, die uns gerade versucht zu Hilfe zu eilen, um uns zu verteidigen und zu retten, weil sie unsere Not bemerkt hat. Wenn Sie sich trauen und Ihnen ist danach, dann schreien Sie Ihre Wut hinaus oder verprügeln Sie ein Kissen. Das tut manchmal gut. Vielleicht nicht dem Kissen, aber uns.

Ab jetzt halten wir zusammen – wir, unsere Gedanken, unser Gefühl und unser Körper. Was uns an diesem Platz der inneren Offenheit guttut, das erlauben wir uns: weinen oder schreien, wenn uns danach ist; die Muskeln im Kiefer immer wieder loslassen, tief atmen, ins Herz, noch tiefer – bis in den Bauch hinein.

Mit sich selbst freundlich zu sein ist ganz einfach.

Wir erlauben körperliche Bewegungen, wenn sie wie von selbst entstehen, ermuntern freundliche Gedanken der inneren Komplizenschaft mit unser eigenen Verletzlichkeit und Freund Körper und hegen fürsorgliche Gedanken, wenn wir innerlich mit uns selbst sprechen. Aber keine Handlungen im Außen.

Unser Körper hat es wirklich nicht verdient, dass wir oft so lieblos und achtlos mit ihm umgehen. Er unterstützt uns mit allem, was er hat, Tag und Nacht. Unsere seelische Verletzlichkeit hat es ebenfalls nicht verdient, dass wir sie so oft übergehen, uns mit unserer Traurigkeit alleinlassen, uns stattdessen einfach ablenken; dass wir uns mit schmerzenden Gedanken manchmal selbst Angst und Qual zufügen, statt uns selbst in den Arm zu nehmen, um uns zu trösten und wieder Mut zu machen. Gehen wir vielleicht auch ein bisschen so mit uns um, wie wir es unserem Partner vorwerfen?

Gehen Sie doch einmal dieser Frage nach: Wo gehe ich selbst, vielleicht im übertragenen Sinne, mit mir lieblos um? Auf welche Weise behandle ich mich genauso, wie es mir mein Lieblingsfeind im Vergrößerungsspiegel zeigt? Ermutige ich mich, wenn mir etwas misslungen ist? Stehe ich zu mir, wenn andere etwas anderes von mir wollen, mich schlecht behandeln? Sage ich Nein, wenn mir nach einem Nein zumute ist? Erlaube ich mir, ein rückhaltloses Ja zu leben, wenn es sich für mich richtig anfühlt? Bin ich mir und meinem Lebenstraum treu oder habe ich ihn mir abgeschminkt? Höre ich mir selbst zu, wenn ich unleidlich bin? Liebe ich mich so, wie ich geliebt werden möchte? Antworten Sie. Jetzt.

Atmen Sie weiter, tief und voller Selbstliebe. Atmen Sie in Ihr Herz. Wir sind im Grunde unserer Seele Liebe und Offenheit. Wir haben nur verlernt, offen und weich zu sein, aus Angst, verletzt zu werden. Damit schneiden wir uns selbst von der Lebensfreude und echter Lebendigkeit ab. Wir verstecken uns sogar vor uns selbst. Wovor haben Sie am meisten Angst? Und in Bezug auf die Liebe? Was ist Ihr größter Schmerz, Ihr größtes Schamgefühl? Schenken Sie sich

> **Aus Angst, verletzt zu werden, haben wir verlernt, offen und weich zu sein.**

den Raum dafür, genau jetzt einfach mit all dem da sein zu dürfen. Hier an diesem Platz der Offenheit können wir lernen, bei uns selbst anzukommen und zu Hause zu sein. Wir haben auch das verlernt, aber das macht nichts, denn ab jetzt erinnern wir uns wieder an die wichtigste Freundschaft in unserem Leben, nämlich die mit uns selbst. Hier müssen wir nichts gut oder richtig machen, nicht den Regeln der Gesellschaft, den Erwartungen der Familie gerecht werden. Hier sind wir einfach ganz wir selbst, wahrhaftig – egal wem es passt oder nicht.

Was wünschen Sie sich von Ihrem Lieblingsmenschen, was vom Leben? Welche tiefsten Wünsche und Sehnsüchte sind fühlbar, greifbar, wenn sie sich diese Frage ernsthaft stellen? Tauchen Sie ein in Ihren Herzenswunsch, fühlen Sie ihn. Welches Gefühl haben Sie Ihrem Partner bzw. Ihrer Partnerin gegenüber? Wenn es verschiedene sind, dann fühlen Sie alle in Ruhe nacheinander. Was haben Sie immer an ihm/ihr geschätzt, geliebt, bewundert? In was hatten Sie sich damals verliebt? Was mögen Sie trotz allem noch an ihm/ihr – unabhängig davon, was alles war und wie alles weitergeht? Welche Wendung wünschen Sie sich für diese Partnerschaft?

Öffnen Sie Ihr Herz – Sie können sich vielleicht vorstellen, wie es ganz weit und hell wird und ein strahlendes Licht darin ist, das in alle Richtungen in die Welt strahlt. Lesen, fühlen Sie in diesem Herzen, was Sie brauchen, um glücklich zu sein. Denn das ist unser Geburtsrecht. Und atmen Sie. Lassen Sie die Muskeln in Ihrem Gesicht und Ihren Lippen los. Erlauben Sie sich, ganz weich zu sein. Wenn wir nicht wissen, was wir brauchen, dann können wir uns selbst beobachten und davon ableiten, was unsere Seele sich wünscht. Es ist das, was wir tun und was wir sagen, wenn wir es mit jemandem von ganzem Herzen gut meinen. Wie gehen wir mit jemandem um, der traurig ist? Das ist es, was wir selbst brauchen, wenn wir traurig sind. Was tun oder sagen wir, wenn jemand, den wir mögen, enttäuscht wurde oder wütend ist? Das ist genau das, was wir uns selbst wünschen, wenn es uns so geht. Was würden Sie jemandem vom Herzen her (nicht mit der kalten Vernunft) raten, der in Ihrer Situation ist? Antworten Sie.

Wie stellen wir uns jemanden vor, der ein glückliches Leben, eine erfüllte Partnerschaft lebt? Das ist es, was wir uns selbst von Herzen wünschen. Und das haben wir auch verdient. Die Antwort liegt immer in uns. Wir brauchen nur noch die innere Entscheidung zu treffen, uns selbst zu lieben, und nach innen zu hören, zu schauen, zu fühlen und uns treu zu sein. Die Macht ganz und gar anzunehmen, die uns gehört, für unser Leben. Und uns selbst anzuerkennen, wie wir eben in diesem Moment sind. Mal sind wir stark und selbstbewusst – schön. Ein anderes Mal fühlen wir uns klein, hässlich und einsam. Nicht schön, aber genau jetzt können wir uns unser ganzes Mitgefühl schenken. Wann sonst, wenn nicht jetzt? Niemand hat nur Stärken. Und niemand nur Schwächen. Wir sind Menschen. Wie langweilig wäre es, wenn wir alle Heilige wären!

> Wenn wir nicht wissen, wie man sich selbst liebt, brauchen wir nur beobachten, wie wir mit anderen liebevoll umgehen. Und wenn wir nicht wissen, was wir uns wünschen, dann können wir beobachten, unter welchen Umständen wir glauben, andere müssten glücklich sein. Auf was wir sehnsüchtig oder neidisch reagieren – das wünschen wir uns.

Warum machen wir es uns nur so schwer, uns selbst zu verzeihen, dass wir Ecken und Kanten haben und manchmal Fehler machen? Was heißt eigentlich Fehler, Schwäche? In dem Moment, in dem wir handelten, wussten oder konnten wir es nicht besser. Sonst hätten wir es ja gleich besser gemacht. Wir handeln immer nach bestem Wissen und Gewissen. Und wenn wir später erkennen, dass unser Verhalten von damals falsch war, dann könnten wir uns eigentlich gratulieren, denn wir haben uns soeben weiterentwickelt. Wenn nun eine ähnliche Situation um uns herum entsteht, können wir es ab jetzt noch besser machen. Eigentlich super, das ist Evolution. Kein Grund, sich zu martern. Aber wir tun es. Wir sind so unglaublich streng und herzlos mit uns selbst. Wie kaum jemand sonst. Wenn wir uns geliebt und verstanden fühlen wollen im Leben, dann können wir uns ab sofort lieben und durch unser Mitgefühl und echtes Interesse verstehen lernen. Warum diesen Job weiterreichen? Wir können selbst lernen, unser bester, treuester, einfühlsamster Freund zu sein. Wir können lernen, uns selbst der zu sein, den wir uns an unserer Seite wünschen. Die zu sein, die unserer Seele von innen her guttut. Welche Qualitäten wünscht sich Ihre Verletzlichkeit von so einem besten, inneren Freund? Wie soll er/sie sein? Interessiert? Mitfühlend? Geduldig? Liebevoll? Wertschätzend? Aufmunternd? Nach was schreit Ihre Seele? Antworten Sie. Wir haben alle Zeit der Welt. Und schreiben Sie sich diese Punkte auf, sie sind wirklich wichtig.

Atmen Sie in den Teil Ihres Körpers, der das Signal sendet, dass er Ihre Aufmerksamkeit am meisten braucht. Senden Sie ihm Ihre Liebe. Alles darf genau so sein, wie es gerade ist. Denn es ist der Beginn eines neuen Lebens. Denn ab jetzt üben Sie, Ihr innerer, innigster Freund zu sein. Und der macht keinen Druck, fordert nichts – er schenkt sein

Mitgefühl und seine liebevolle Präsenz. Wenn wir ein flaues Gefühl im Magen haben, dann umarmen wir es in Gedanken. Wenn wir Bauchweh haben, dann legen wir sanft unsere Hände darauf. Wenn uns kalt ist, holen wir uns fürsorglich eine Decke. Wenn wir traurig sind, schicken wir uns das zärtlichste Mitgefühl, zu dem wir gerade fähig sind. Und wenn wir zu keinem Mitgefühl fähig sind, dann erlauben wir uns voller Verständnis und Geduld diese Taubheit, die wir gerade uns selbst gegenüber haben. Manchmal sind wir auch einfach wie schockgefroren und fühlen gar nichts. Dann ist es eben so. Wie auch immer es gerade ist, atmen Sie in dieses Jetzt hinein, es ist der Beginn einer wunderbaren Freundschaft. Ab jetzt sind Sie vielleicht ab und zu allein, aber nicht mehr einsam. Spüren Sie den Unterschied? Wie fühlt sich diese Selbstliebe für Sie jetzt an?

Ab jetzt üben Sie, Ihr innerer, innigster Freund zu sein.

Haben Sie schon mal Ihrem Körper gedankt dafür, dass er Tag für Tag und Nacht für Nacht sein Bestes gibt, um Ihrer Seele ein angenehmes Zuhause zu bieten? Auf solche Ideen kommen wir selten. Wenn er funktioniert, halten wir es für selbstverständlich. Wenn nicht, ist es ärgerlich. Kaum ist alles im Lot, ist es schon wieder selbstverständlich. Ein schlechter und undankbarer Job ist das, bei uns selbst Körper zu sein. Wie schön, dass er bisher nur ab und zu in Warnstreik getreten ist, noch können wir Güteverhandlungen aufnehmen. Uns mit ihm vertragen, nach seinen

Bedürfnissen fragen, ihm danken, uns besser, freundlicher um ihn kümmern, liebevoller an ihn denken. Welche Gedanken und Gefühle hatten Sie bisher Ihrem Körper gegenüber? Antworten Sie.

Gehen wir so auch mit den anderen Aspekten unserer selbst um, mit unseren Fähigkeiten und Leistungen? Mit unserem einzigartigen, verletzlichen Wesenskern? Was mögen wir eigentlich an uns selbst? Ist das, was wir können, für uns selbstverständlich oder schenken wir uns Anerkennung, Freude und ab und zu kleine Belohnungen dafür? Wie gehen wir mit Misserfolgen um? Ermutigen wir uns, sehen wir fair unsere Bemühung und das Gute, lernen wir innerlich freundlich daraus, oder sind wir streng und erbarmungslos mit uns, wenn uns etwas misslingt? Atmen Sie und fühlen Sie, wie Sie bisher mit sich umgegangen sind. Lassen Sie Ihre Kiefermuskulatur und Ihren Nackenbereich los. Verzeihen Sie sich. Es war ein Missverständnis. Wir haben alle nicht gelernt, uns selbst zu lieben. Und dann fühlen Sie, wie anders alles sein kann, wenn Sie Ihr innerer, bester Freund sind – ab jetzt. Wozu ermuntert er Sie im Hinblick auf Ihre Situation?

Das Gefühl, mit sich selbst von Herzen freundlich zu sein, ist anfangs ein kostbares, zartes Licht. Und doch hat es schon die Kraft, uns in der schwärzesten Nacht den Weg zu leuchten.

Wenn Sie noch tiefer einsteigen möchten, dann können Sie nun Ihre schwarze Liste hernehmen. Ansonsten hören Sie für heute mit dieser Sequenz auf und machen ein andermal weiter.

Die schwarze Liste ist der Teil Ihrer gemeinsamen Vergangenheit, der für Sie mit Schmerz, mit Entbehrung, mit Trauer oder Wut verbunden war. Wir können mit unserer schwarzen Liste auf zweierlei Art arbeiten – alleine, nach innen gerichtet, und zu zweit, auf die Partnerschaft gerichtet.

Hier kümmern wir uns erst mal darum, alleine unsere Gefühle auf diese Leichen im Keller liebevoll anzunehmen und so lange zu fühlen, bis wir diesbezüglich „leer" sind. Das ist in jedem Fall ein erster, heilsamer Schritt für unsere Seele, mit dem wir unsere innere Würde wiedererlangen – völlig unabhängig davon, ob wir uns damit später unserem Lieblingsmonster gegenüber offenbaren werden und wie er/sie dann damit umgehen kann. Erst wenn wir unsere innere Verletzlichkeit selbst in den Arm genommen und gehalten haben, sollten wir jemand anderem davon erzählen. Sonst liefern wir uns als verletzter Tiger einem anderen verletzten Tiger aus, und das ist keine gute Idee. Schauen Sie sich also Ihre schwarze Liste an. Sie können sich jetzt ganz bewusst erlauben, darauf zu reagieren. Fühlen Sie, was ausgelöst wird. Und atmen Sie.

> **Anhand der schwarzen Liste der „Vergehen" unseres Partners räumen wir innerlich und äußerlich auf.**

Das sind unsere Empfindlichkeiten, unsere Seelenwunden – sie möchten von uns als innerer Heiler behandelt werden. Legen Sie in Gedanken sanft Ihre Hand darauf und lassen Sie Heilung geschehen, ganz von selbst. Wir haben alle Liebe verdient. Schenken Sie sich doch selbst Liebe durch Ihre Präsenz, indem Sie sich selbst nah sind, wenn es Ihnen mit etwas nicht gut geht.

Der Schmerz, die Angst, die Wut, was auch immer hochkommt, verläuft immer in einer Kurve. Wir starten die Emotionskurve, indem wir an die entsprechenden Auslöser und schmerzvertiefenden Gedanken denken. Seien Sie dabei ganz bewusst, das macht den Unterschied zur sinnlosen Selbstquälerei. Während die Emotionen langsam in Richtung Höhepunkt wachsen, fühlen Sie sie einfach mit so viel Selbstliebe, wie Sie aufbieten können – in dem Wissen, dass Sie auf diese Weise emotional heil werden können. Und dann warten Sie geduldig, sanft und liebevoll. Atmen Sie und fühlen Sie, was es zu fühlen gibt, und seien Sie sich bewusst, dass Sie gerade die „Büchse der Pandora" geöffnet haben. Ihre ganz persönliche verwundete und verwunschene Tigerenergie, die teilweise schon sehr, sehr lange dort unten auf Erlösung gewartet hat, wird dadurch befreit. Und indem wir den Emotionen, den Bildern, dazugehörenden Sätzen oder Erinnerungen erlauben aufzusteigen und sich zu zeigen, befreien wir sie aus ihrer Haft im Unterbewusstsein.

Verdrängte schmerzhafte Emotionen streben danach, endlich gefühlt zu werden.

Die Intensitätskurve der Emotionen steigt irgendwann nicht mehr, sondern neigt sich wieder und sinkt. Es ist gut, das Heilungsritual erst dann zu beenden, wenn die Kurve wieder gesunken ist, die qualvollen Gefühle wieder am Abklingen sind. Danach sind wir müde, aber weicher und jedes Mal ein bisschen befreiter. Diese Emotionen machen uns in Zukunft keine Angst mehr. So bauen wir innere Blockaden ab und heilen uralten Seelenschmerz, den unser Partner bzw. unsere Partnerin aktiviert und auslöst, meist jedoch nicht wirklich verursacht hat. Inwieweit haben diese Verhaltensweisen unseres Partners eine Parallele dazu, wie mit uns in unserer Kindheit umgegangen wurde? Und damit, wie wir mit uns selbst manchmal umgehen? Überlegen Sie in Ruhe. Sagen Sie nicht vorschnell, dass es keine Parallelen gibt. Denn dann verpassen Sie vielleicht eine wertvolle Gelegenheit.

Bei welchen Punkten erkennen Sie Wiederholungsthemen? Also für Sie selbst typische, immer wiederkehrende Empfindlichkeiten? Glauben Sie nicht an die damit verbundenen schmerzenden Sätze. Die sind nicht wahr. Verwandeln Sie sie in positive Gedanken. Was können Sie ab sofort selbst dafür tun, dass es Ihnen mit diesen Themen auf der schwarzen Liste besser geht? Es nicht mehr so persönlich nehmen? Besser auf sich selbst aufpassen? Sich besser abgrenzen, Nein sagen? Überlegen Sie.

Erwarten Sie bei den ersten Besuchen in Ihrem Rückzugsort keine Emotionsausbrüche und Riesenerleuchtungen.

Wenn wir normalerweise eher zurückhaltend mit unseren Gefühlen sind, dann beginnt diese Arbeit an uns sehr unspektakulär und fast unmerklich. Durch stetiges Dranbleiben und Praktizieren wird es dann leichter und immer natürlicher, alte Emotionen und aktuelle, frische Gefühle spontan zu empfinden. Fühlen Sie sich selbst einfach so, so wie Sie gerade drauf sind. Und lassen Sie sich Zeit dabei. Wenn Sie den Eindruck haben, jetzt ist es genug für heute, und Sie sind sich selbst freundlich gesonnen, dann beenden Sie die Erfahrung an diesem Platz. Sie können sich danken für den Mut zur Offenheit, zur Ehrlichkeit mit sich selbst und vielleicht noch vereinbaren, wann Sie diesen inneren Austausch fortsetzen. Gut ist zum Beispiel, wenn Sie sich jeden Morgen oder Abend ein paar Minuten Zeit dafür nehmen, oder einmal die Woche. Der Kontakt nach innen will geübt und gepflegt werden, wie jede Freundschaft, damit er funktioniert und als nährend empfunden werden kann.

Der Kontakt nach innen will geübt und gepflegt werden.

Entscheidend ist auch, dass wir unser „inneres Meeting" nicht nur dann machen, wenn es uns schlecht geht, sondern einfach immer wieder. Es soll ja nicht zu einem regelmäßigen inneren Drama-Event degradiert werden, sondern zu einer wundervollen Gelegenheit, uns selbst immer besser kennen- und lieben zu lernen – in guten wie in schlechten Tagen. Bis dass der Tod uns scheidet. Oder auch nicht.

Und dann schreiben Sie sich die wichtigsten Erkenntnisse in Ihr Notizbuch. Lösen Sie Ihren Lichtkreis wieder auf und verlassen Sie den Platz. Wer mag, kann danach ganz bewusst die Fenster öffnen und frische Luft herein- und alles Schwere hinauslassen, eine ganz andere Musik auflegen. Wer will, kann sich die eigenen Dramen „abduschen" und sich etwas anderes anziehen. Damit ist auch für unser Unterbewusstsein klar, dass jetzt ein neues Leben beginnt – vielleicht der ganz normale Wahnsinn, aber neu. Manche räuchern auch gern die Räume mit einem reinigenden Kraut oder Harz, etwa Salbei oder Weihrauch, um die schmerzhaften, dunklen Erinnerungen aufzulösen (Adresse siehe Anhang). Das riecht nicht nur gut, sondern hat auch symbolischen Wert für unser Unterbewusstsein und wirkt reinigend auf unsere Seele. Wem danach ist, der kann sich auch nach all dem sein Symbol der Kraft holen und mit in den Tag oder den Abend nehmen.

Schritt 1 können wir so oft wiederholen, wie es uns guttut. Er ist sehr heilsam, auch wenn es manchmal sehr wehtut. Bevor wir mit Schritt 2 weitermachen, sollten wir wenigstens einmal das Gefühl der Fürsorglichkeit und des liebevollen Mitgefühls mit uns selbst erlebt haben.

Christian: „Ich habe mich nach 20 Jahren Ehe in eine andere Frau verliebt, obwohl unsere Ehe eigentlich ganz gut war. Na gut, sexuell lief schon seit Jahren gar nichts mehr, was für mich schon sehr unbefriedigend war. Als das mit dieser anderen Frau anfing, dachte ich zuerst, einen Ausrutscher im Leben kann ich mir erlauben. Aber es wurde immer intensiver. Meine Frau habe ich immer öfter angelogen. Zuerst, um sie nicht unnötig zu verletzen, und auch, um sie nicht zu verlieren wegen einer Nebensächlichkeit. Als es sich weiterentwickelte, hatte ich manchmal die reinste Panik, dass es auffliegt und ich alles, was ich mein Leben lang aufgebaut habe, verlieren würde. Und doch zog es mich immer wieder hin. Inzwischen hat sich mit dieser Frau eine solch innige Vertrautheit entwickelt, dass es mir unmöglich erscheint, nicht mehr mit ihr zusammen zu sein. Wir lieben und verstehen uns auf vielerlei Ebenen. Es ist wundervoll, ein Geschenk des Lebens. Aber mein Zuhause aufzugeben kann ich mir auch nicht vorstellen. Ich fühle mich zu alt, um noch mal ganz von vorn anzufangen, es hat so viel Energie, Jahre und Geld gekostet. Man ist irgendwie miteinander verwachsen und verwoben. Und die Reaktion meiner Frau, der Familie, meiner Eltern, im Bekanntenkreis, im beruflichen Umfeld und all der Leute, die mich kennen … ich schaff das nicht.

Meist verdränge ich diesen Zwiespalt, so gut es geht. Aber an meinem Rückzugsort spüre ich, wie viel Kraft mich das alles kostet; und wie viel Angst ich habe, einen Fehler mit riesigen Konsequenzen zu machen. Ich sitze auf einer Zeitbombe und höre sie ticken. Meine Freundin zu verlieren würde mir das Herz zerreißen. Meine Familie verlassen kann ich nicht. Wenn sie mir draufkommen würden — ein Alptraum. Trotz der Angst ist in mir der Druck da, endlich eine Entscheidung zu treffen. Und dann ist da noch dieses quälende schlechte Gewissen, dieses Schamgefühl vor sich selbst und der Welt, dass man der eigenen Frau gegenüber ein Schwein ist und ein Lügner. Zerrissen fühle ich mich. *Irgendwie verloren und innen drin klein und allein. Was mach ich nur! Ich verurteile mich, dass ich beiden nicht gebe, was sie verdienen. Wenn ich es schaffe und an meinem Rückzugsort mit mir selbst auch mal ein bisschen Mitgefühl habe, dann fühle ich die völlige Verzweiflung und Panik in mir. Es ist eine Gnade, wenigstens ab und zu mal sein eigener bester Freund zu sein.*"

Der Unterschied zwischen Selbstmitleid und Mitgefühl

Wenn wir hier von Mitgefühl mit uns selbst sprechen, dann ist nicht der destruktive Zustand gemeint, in dem wir uns bemitleiden, indem wir uns einreden, dass alles keinen Sinn mehr hat. Dass es eh kein gutes Ende mit uns nimmt, weil wir es einfach nicht „raffen", usw. Das ist mentale Selbstquälerei und sogar autoaggressiv – und sicher kein Mitgefühl, selbst wenn dabei Tränen fließen. Die innere Atmosphäre macht den entscheidenden Unterschied. Ist sie ermutigend oder entmutigend? Ist sie liebevoll oder bitter? Öffnet sie uns oder bewirkt sie, dass wir uns verschließen?

Mitgefühl ist es, wenn wir mit unseren schmerzhaften Gefühlen liebevoll umgehen, in dem Wissen, dass es sich dabei möglicherweise um eine emotionale, logische Reaktion auf eine Fehlinterpretation der Wirklichkeit handelt. Im tieferen Sinn geht es daher niemals darum, recht zu haben, sondern darum, sich selbst von einem alten, einengenden Muster zu befreien, indem wir nach dem Glaubenssatz suchen, der für unsere schreckliche Emotion verantwortlich ist. Der kostbare Sinn unseres Schmerzes liegt darin, uns zu mehr Bewusstheit und Selbstverantwortung aufzurufen. Nicht jedoch darin, uns einzureden, dass die schmerzenden Gedanken in uns recht haben. Glauben Sie nicht alles, was Sie denken. Nehmen Sie einfach die Gedanken wachsam wie ein Tiger wahr. Sie lösen unsere schrecklichen Emotionen aus – nicht die Welt oder unser Lieblingsfeind.

Glauben Sie nicht alles, was Sie denken.

Inhaltlich sind die Gedanken und Projektionen, auf denen unsere Qualen basieren, bei näherer Betrachtungsweise meist nichts als Missverständnisse unseres inneren Kindes. Wir glauben etwa: „Keiner liebt mich". Daraufhin bekommen wir Schmerzen im Bauch und Herzbereich. Erinnerungen und Beispiele, die den vermeintlichen Tatbestand erhärten, tauchen auf. Nicht jedoch Erinnerungen, die ihm widersprechen würden. Der Satz, der die Basis unserer Schmerzreaktion darstellt („Keiner liebt mich"), ist in fast allen Fällen falsch – unsere emotionale Reaktion darauf allerdings gefühlte Realität. Sie ist eine logische Konsequenz in Bezug auf einen unbewusst ausgefilterten, ausschließlich negativen Teilbereich unseres Lebens. Das heißt also, die vermeintlichen Ursachen für unseren Seelenschmerz beruhen auf Fehlinterpretationen aufgrund unserer Vorgeschichte – die Emotionen an sich jedoch sind zutiefst menschlich, verständlich und daher unbedingt liebe- und respektvoll zu behandeln. Da es sich allerdings um akute Fehlinterpretationen handelt, empfiehlt es sich dringend, aus diesen spontanen Emotionen keine Handlungen mit dauerhaften Konsequenzen abzuleiten.

Bildlich gesprochen beißen wir uns beim Selbstmitleid als Tiger tief ins eigene Fleisch, indem wir angst- und schmerzauslösende Vorstellungen und Gedanken pflegen und an diese dann als unumstößliche Realität glauben. Wir sagen uns innerlich, es gibt keine Lösung und keinen Ausweg, vielleicht haben wir es nicht anders verdient, keiner hat uns je geliebt, usw. Das ist sich selbst beißen. Oder wir erlauben anderen, uns zu beißen, anstatt durch Knurren zu zeigen, dass wir ein echter Tiger sind.

Beim Mitgefühl hingegen ziehen wir uns zurück, wenn es uns schlecht geht, und kümmern uns liebevoll um unsere Wunden. Wir geben uns Zeit, zu Kräften zu kommen, und suchen nach der verborgenen positiven Botschaft. Danach holen wir uns dann selbstverantwortlich, was wir brauchen. Wenn ein Tiger müde ist, schläft er. Wenn er Hunger hat, geht er auf die Jagd. Und wenn ihm nach Liebe ist, dann ist er liebevoll mit sich selbst und/oder sucht Kontakt zu jenen, die ihm guttun. Wer tut Ihnen gut?

> **Wer Mitgefühl mit sich selbst hat, kümmert sich darum, dass es ihm wieder besser geht.**

Schritt 2:
Als Tiger in den Spiegel blicken

Während es im ersten Schritt ausschließlich um uns selbst ging, geht es im zweiten erst mal hauptsächlich um unseren Lieblingsfeind.

Warum kommen wir nicht weit, wenn wir als kleines, hässliches Entchen versuchen, unseren Lieblingsfeind „auszukundschaften"? Und warum sehen wir nicht gut, wenn wir als Mäuschen statt als Tiger in den Spiegel blicken, den uns unser Partner möglicherweise hinhält?

Um Beweise für eine Theorie zu finden (etwa: „Mein Lieblingsmensch liebt mich nicht, ist mir nicht treu"), stellen wir unseren Verstand darauf ein, uns alle Hinweise zu melden, die für den Verdacht sprechen. So entsteht ein leider sehr einseitiger Filter, der alle gegenteiligen, erfreulichen Infos nicht richtig durchlässt und somit auch nicht meldet. Der Filter unserer eigenen Verzweiflung führt also dazu, dass wir unbewusst nur die Informationen zulassen, die uns in unserer momentanen Misere recht zu geben scheinen. So ist unser Verstand nun mal – eine Denkmaschine, die sich gern selbst Pluspunkte verschafft, auch wenn es noch so wehtut.

Unser Verstand sucht immer Beweise dafür, dass er recht hat.

Würden wir Schritt 2 also in einem Zustand des Schmerzes und Misstrauens gehen, so würden wir nicht mal die Hälfte der Erkenntnisse gewinnen oder nur völlig verzerrte. Wenn wir hingegen einigermaßen gefestigt und aus dem Gefühl der Eigenliebe heraus auf Erkundungsfahrt gehen, so sind wir offener und bekommen ein wesentlich besseres Bild von der Realität. Versuchen wir also, diesen Schritt mit größtmöglicher Offenheit zu gehen und unseren Negativfilter abzunehmen.

Wir brauchen für diesen Abschnitt zwei Stühle, die sich gegenüberstehen, und wieder ein Notizbuch. Es ist gut, wenn Sie keinen der beiden Stühle bereits bei Schritt 1 verwendet haben. Es kann beispielsweise der Stuhl sein, auf dem normalerweise Sie sitzen, und der, auf dem normalerweise Ihr Partner oder Ihre Partnerin sitzt – sofern Sie solche festen Sitzplätze haben.

Arbeitshypothese 1:
Auch unser Lieblingsfeind ist nur ein Mensch

Vielleicht stimmt diese Arbeitshypothese in Ihrem speziellen Fall nicht. Ich kenne das Monster an Ihrer Seite ja nicht. Doch meistens stimmt sie. Wenn Sie Zweifel haben, finden Sie es bestimmt in diesem Abschnitt heraus.

Setzen Sie sich auf Ihren Stuhl und atmen Sie erst mal tief durch. Sie fragen sich vielleicht, wie er/sie Ihnen das nur antun kann, so mit Ihnen umzugehen, oder wie es zu diesem Schlamassel überhaupt kommen konnte. Und obwohl wir uns diese Frage in Krisenzeiten oft stellen, heißt das noch lange nicht, dass wir auch wirklich nach einer Antwort darauf suchen. Einer echten Antwort. Nach einer, die der

Wahrheit – sofern das möglich ist – relativ nahekommen könnte. Nun aber versuchen wir es. Wir wollen es diesmal wirklich wissen. Sind Sie dabei? Auch mit dem Herzen? Atmen Sie tief ein und wieder aus. Wir wissen beide, dass es vielleicht nicht ganz einfach ist. Lassen Sie für einen Moment mal alle Ressentiments und negativen Gedanken diesem Menschen gegenüber los. Das geht. Bei jedem Ausatmen lassen Sie alles los, was an Negativität ihm/ihr gegenüber in Ihnen ist. Lassen Sie Ihren Kopf denken, was er will, und atmen Sie beim Einatmen ganz bewusst in Ihr Herz. Es ist viel weiser als unser Verstand. Und für diesen Abschnitt brauchen wir unsere Herzensweisheit.

Irgendwann haben wir diesen Menschen ja mal geliebt, vielleicht tun wir es sogar immer noch. Aber es ist schwerer geworden, vielleicht schmerzhaft und irgendwie enger in unserer Brust. Aber das ist jetzt nicht das Thema. Stellen Sie sich Ihren Lieblingsmenschen vor.

Stellen Sie sich Ihren Partner auf dem Stuhl gegenüber vor.

Wie er/sie gegenüber von Ihnen auf dem anderen Stuhl sitzt in einer für Ihr Problemthema typischen Position. Atmen Sie weiter und entspannen Sie Ihre Kiefermuskulatur. Wir bleiben bei den beobachtbaren Tatsachen. Denen, die wir selbst beobachtet haben, und denen, die wir jetzt vielleicht wahrnehmen werden. Die Geschichten lassen wir jetzt erst mal weg – egal ob sie aus sicherer Quelle oder unserer geschundenen Seele, aus unserer in sich schlüssigen Fantasie kommen. Wir wissen ja inzwischen, in sich schlüssig und logisch ist es für einen selbst aufgrund unserer Wahrnehmungsfilter immer. Stimmen muss es deswegen noch lange nicht. Also die reinen Fakten. Schauen Sie sie an. Dort gegenüber sitzen sie.

Wenn es mehrere Themen gibt, die zwischen Ihnen beiden hochkochen, dann wählen Sie eins aus. Am besten dasjenige, das Ihnen als das Kernthema vorkommt. Sie können die Übung auch mehrfach machen – mit jedem Thema, das Sie für wichtig genug halten. Dieses Mal bleiben wir mit unserer Aufmerksamkeit bei unserem imaginären Gegenüber. Atmen Sie und spüren Sie, wie Ihr Herz schlägt. Lassen Sie Ihren Nacken und Ihre Schultern los. Atmen Sie tief und entspannt, wie jemand, den das alles gar nichts angeht. Und wissen Sie was? Es geht Sie gerade tatsächlich nichts an. Es ist sein bzw. ihr Problem dort. Wir untersuchen es. Ebenso unbeteiligt wie fair.

Der ehrliche Versuch, dieses Gegenüber dort drüben zu verstehen, heißt keineswegs, dass wir danach bereit sein werden, uns alles gefallen zu lassen. Es heißt lediglich, dass wir dem anderen die gleiche Achtung und Offenheit entgegenbringen, wie wir es bei uns selbst getan haben. Was danach geschieht, steht auf einem anderen Blatt und wird später entschieden. Von uns. In der Beziehung kann es sowieso nicht ums Rechthaben gehen. Denn wenn wir nur lange genug mit dem Herzen hinschauen, dann hat jeder aus seiner Perspektive recht. Mit der Frage nach dem Rechthaben kommen wir also nicht weiter.

> Wenn wir die Dynamik in unserer Partnerschaft verstehen
> wollen, dann ist es sehr hilfreich, nicht nur uns selbst,
> sondern auch den anderen zu verstehen. Und wenn wir
> den anderen wirklich verstehen wollen, müssen wir mit
> dem Herzen sehen.

Dort drüben sitzt also Ihr imaginärer Lieblingsfeind. Schauen Sie hin. Was sehen Sie? Sehen Sie sich das Gesicht an und die Körpersprache, die in der Haltung und der Bewegung zum Ausdruck kommt. Schauen Sie auch auf den Körper. Wie er/sie dasitzt, die Haltung des Rückens, die Schultern, die Beine, die Hände. Wie wirkt dieses Gesicht, dieser Körper, diese Gestik? Verspannt, locker, angriffslustig, vorwurfsvoll, unglücklich, ängstlich? Lassen Sie Ihre Antwort in ihrer eigenen Zeit entstehen. Hören Sie mit Ihren „inneren Ohren", was es von dort drüben zu hören gibt, und hören Sie diesmal nicht nur die gesprochenen Worte, sondern vor allem die Stimme. Wie klingt sie, ausgeglichen, arrogant, warm, kalt, wütend, flehend? Hören Sie auf den Ton, die Lautstärke, die Geschwindigkeit, die Emotionalität. Welche „Farbe" hat die Begegnung in diesem Moment, wenn sie eine hätte? Und nehmen Sie all das wahr, ohne innerlich viele Worte dabei zu produzieren. Sammeln Sie einfach wertfrei Eindrücke, Informationen, vielleicht entsteht auch ein Gefühl. Wenn wir dabei im Kopf in Form von Gedanken zu viel reden, dann übernimmt unser Verstand das Ruder und wir „zerreden" innerlich diese zarte Möglichkeit der Kontaktaufnahme mit dem Seelenwesen hinter der Fassade.

Und nun machen wir ein Experiment. Lassen Sie sich überraschen. Stehen Sie auf und lassen Sie sich selbst in Ihrer Vorstellung mit allem, was Sie über Ihr Gegenüber wissen, fühlen oder denken, gewissermaßen auf Ihrem eigenen Stuhl sitzen. Gehen Sie mit jedem Schritt neutraler, leerer und offener rüber zu dem Stuhl, auf dem Ihr Partner bzw. Ihre Partnerin in Ihrer Vorstellung sitzt. Setzen Sie sich auf diesen Platz mit der inneren Entscheidung, sich nun ehrlichen, freien Herzens in diese Person einzufühlen, wie ein Gast, der eingeladen wurde, in einen intimen Bereich der anderen Seele einzutreten, und sich nun achtsam umschauen darf. Schlüpfen Sie für einen Moment in die Aura, das Energiefeld Ihres Partners hinein und spüren Sie, wie es sich anfühlt, *er* oder *sie* zu sein – gegenüber von Ihnen selbst. So unvoreingenommen, neutral und neu, wie Sie nur können. Ohne Vorstellungen, wie es sein könnte. Einfach so. Setzen Sie sich genau so hin, wie Sie es vorher von außen gesehen haben. Nehmen Sie in jeder Hinsicht und ohne Wertung die Körperhaltung und die Mimik ein, die Sie bisher nur von außen kennen. Vielleicht fällt es Ihnen leichter, wenn Sie dabei die Augen schließen. Tun Sie es, es sieht uns ja keiner! Und es macht nichts, wenn Sie sich gerade ein bisschen blöd dabei vorkommen, das ist normal beim ersten Mal und hört gleich wieder auf. Tun Sie es einfach. Sie können dann gleich Schritt für Schritt weiterlesen und dann wieder die Augen schließen. Fühlen Sie hin – als Gast in einer völlig anderen Welt. Wie ist es hier? Jetzt.

> Ein indianisches Sprichwort sagt: Beurteile niemanden, in dessen Mokassins du nicht mindestens einen Tag und eine Nacht gelaufen bist.

Gut. Sie sind hier angekommen. Wahrscheinlich noch etwas scheu und unsicher, ob Sie alles richtig machen. Das ist normal, vertrauen Sie einfach dem Prozess. Und nun lassen Sie alles an Wahrnehmungen geschehen, was sich vielleicht einstellt. Zuerst das Körpergefühl. Wie fühlt es sich an, dieser Mensch in diesem Körper zu sein? Tasten Sie sich von unten nach oben durch. Neugierig, offen und interessiert. Vorurteilsfrei. Wie fühlt sich Ihr Körper an diesem Platz an? Lassen Sie sich Zeit und vor allem, lassen Sie alles als Information gelten: Körperwahrnehmungen, Gefühle, Gedanken, Reflexe, Ihr Energieniveau, was auch immer an diesem Platz geschieht. Es könnte tatsächlich zu dieser Person gehören. Auswerten werden wir es später. Schalten Sie alle Wahrnehmungskanäle auf Aufnahme, wenn Sie jetzt wieder die Augen schließen und sich noch mehr öffnen für dieses Seelenwesen. Jetzt.

Stellen Sie sich nun vor, Sie hören sich selbst als diese Person einen Satz zu dem betreffenden Thema sagen. Welcher Satz ist es? Was für ein Gefühl steckt hinter den Worten? Die vordergründige, „äußere" Stimmung, das gesprochene Wort hat ja viel weniger Gehalt als das dahinterliegende Gefühl. Welche Gefühle können Sie erahnen oder spüren? Nutzen Sie den Instinkt und die Intuition Ihres Tigers. Denken Sie nicht. Mit Denken geht es nicht. Unser Verstand ist mit so was komplett überfordert – fühlen Sie es! Was ist hier die innere, tiefere Wahrheit? Seien Sie ganz und gar offen für das, was kommt. Lassen Sie sich überraschen. Mischen Sie sich nicht ein. Es kann alles sein. Und nichts. Finden Sie es heraus. Jetzt.

Wollen wir die Seele des anderen erkennen, müssen wir hinter die Fassade schauen.

Und nun sehen Sie als Ihr Partner bzw. Ihre Partnerin hinüber zu dem Platz, an dem vorhin noch Sie selbst gesessen sind. Schauen Sie aus den Augen Ihres Partners hinaus. Schauen Sie hinüber und sehen Sie sich von außen – aus der Sicht Ihres Lieblingsmenschen. Wie wirkt sich das, was dort drüben getan oder zum Thema gesagt wird, hier aus? Mit welchen Gefühlen reagieren Sie hier auf die Verhaltensweise von diesem Gegenüber, wie fühlt sich Ihr Körper, Ihre Lebensenergie, Ihr Herz, Ihr Vertrauen dabei an? Wie spüren Sie die Verbindung von dieser Seite aus? Wie erleben Sie die Person dort drüben und deren Liebe von hier aus? Was wünschen Sie sich zutiefst? Wovor haben Sie am meisten Angst? Mischen Sie sich nicht mit Ihrem Verstand ein. Lassen Sie den Antworten Zeit, auf ihre eigene Art zu kommen, und begegnen Sie ihnen mit Achtung. Jetzt.

Dann stehen Sie auf, atmen ein paarmal tief ein und aus und schlüpfen ganz bewusst wieder aus dieser Person hinaus. Bewegen Sie sich, laufen Sie ein bisschen auf und ab und kommen Sie wieder ganz entschieden bei sich selbst an. Sie können auch hüpfen und sich schütteln, bis Sie wieder ausschließlich Sie selbst sind. Gott sei Dank sieht uns dabei keiner …

Und wenn Sie wieder ganz Sie selbst sind, dann setzen Sie sich wieder auf Ihren Stuhl. Atmen Sie tief. Atmen Sie in Ihr Herz und noch tiefer, in Ihren Bauch. Was hat sich in Ihnen vielleicht verändert? Lassen Sie sich Zeit, wirklich hinzuspüren. Wie wirken sich die Informationen, die Sie dort drüben gewonnen haben, hier auf die Begegnung mit Ihrem Lieblingsmenschen aus? Spüren Sie sich, Ihren Körper. Wie fühlen Sie sich jetzt?

Und dann: Was hat sich durch Ihren „Besuch" vielleicht an der Ausstrahlung Ihres Gegenübers verändert? Fahren Sie Ihre Antennen aus und fühlen Sie genau hin. Wie fühlt sich jetzt die Begegnung zwischen Ihnen beiden an? Welche „Farbe" hat Ihre Beziehung gerade? Lassen Sie sich Zeit dafür. Jetzt.

Stefan: *„Meine Freundin ist im Streit manchmal extrem gemein, mit Worten und mit Taten. Sie hat mir auch schon ein paarmal eine runtergehauen. Als ich bei dieser Übung das erste Mal ihr Energiefeld* gefühlt habe, war ich erschüttert, wie zerbrechlich und verletzbar es sich angefühlt hat. Das hätte ich nie vermutet. Jetzt weiß ich, dass sie aus blanker Panik so um sich schlägt."

Ute: „Mein Mann hat mich jahrelang angelogen und betrogen, bis ich es herausgefunden habe. Als ich das erste Mal seine Position eingenommen habe, war ich überrascht, wie viel Verzweiflung hier spürbar war. Ich dachte immer, er ist ein rücksichtsloser, egoistischer Lügner, aber da war tatsächlich Angst, mich zu verlieren, und eine große Bedürftigkeit."

Nun schalten wir langsam wieder unseren Verstand ein. Was wissen wir eigentlich über unseren Partner, was hat er/sie für eine Geschichte? Vielleicht hat er Ihnen früher einmal erzählt, was ihn einst gequält, ihm Angst gemacht oder Seelenschmerz bereitet hat? Ist dieses Gegenüber mit seinem/ihrem Leben glücklich? Ausgeglichen? Mit sich selbst im Reinen? Was für emotionale Wunden, Unsicherheiten hat er bzw. sie mit in die Beziehung gebracht, die bei diesem Streitthema zwischen Ihnen beiden vielleicht wieder hochgekommen sind oder dazu geführt haben könnten? Ja, manches ist vielleicht lange her, aber wenn es neu aktiviert wird, tut es wieder genauso weh, macht uns genauso viel Angst wie damals. Das wissen wir ja aus eigener Erfahrung. Tasten Sie mit Mitgefühl in Ihrem Herzen und Ihrem Verstand herum, um all das zu finden, was hilfreich ist, diesen anderen zu verstehen.

Was ist bei meinem Lieblingsmenschen gerade „außen herum" los? Beziehen Sie auch aktuellen beruflichen Stress,

Unzufriedenheit, Ärger im Freundeskreis, gesundheitliche, nervliche oder emotionale Aspekte mit ein. Wie erfüllend, nährend, zärtlich und innig erlebt er/sie möglicherweise die Beziehung mit Ihnen? Wie interessiert, liebevoll und loyal empfindet Ihr Lieblingsfeind Sie wahrscheinlich? Ist er Ihnen es wert, jetzt mal 15 Minuten oder länger ernsthaft darüber nachzudenken, wie das ganze Schlamassel aus seiner Sicht aussehen und entstanden sein könnte? Dann tun Sie es. Zum Beispiel jetzt.

Wie erlebt Ihr Partner die Beziehung mit Ihnen?

Und er/sie glaubt, der Schmerz, die Angst, die Verzweiflung, die Einsamkeit oder das Nichtverstandenwerden hat allein mit Ihnen zu tun. Wir projizieren alle erst mal unsere Qual auf den anderen, den wir für den Schuldigen halten. Wahrscheinlich kommt er nicht auf die Idee, dass seine Seele eine Resonanz mit Ihnen hat, um diese alten Wunden endlich erkennen und heilen zu können. Aber Sie wissen es und wissen daher auch, wie unsinnig es eigentlich ist, darüber zu streiten. Vielleicht muss alles so sein, wie es hier und jetzt ist, damit Heilung geschieht. Vielleicht konnte die Situation nur so eskalieren, weil die Beziehung zwischen Ihnen tragfähig genug dafür ist, dass uralte Wunden aktiviert und geheilt werden können. So was geschieht nicht in oberflächlichen Begegnungen. Das geht nur bei sehr viel Liebe.

Haben Sie auf Ihrer Reise in seine/ihre Innenwelt böse Absichten festgestellt? Ich habe in all den Jahren niemals jemanden gefunden, der ganz tief innen drin böse ist. Vollkommen egal, was er/sie getan oder gesagt hat. Verhaltensweisen und Worte, sogar Gedanken, sind manchmal grausam und gemein. Aber die sind nur an der Oberfläche. Forschen wir jedoch mit dem Herzen nach und gehen dabei wirklich in die Tiefe, so entdecken wir irgendwo hinter Aggression und Destruktivität, hinter Gleichgültigkeit und Kälte, sogar hinter gefühlloser Dominanz und Arroganz immer eine völlig verängstigte Seele, die sich nicht mehr anders zu helfen wusste. Ein Wesen, das sich selbst nicht genug liebt, nicht wirklich versteht und sich von der Liebe abgeschnitten fühlt. Was haben Sie dort drüben herausgefunden? Wie hat sich dadurch Ihre Einstellung zu Ihrem Lieblingsmenschen verändert?

> Es gibt keine Menschen, die im tiefsten Inneren böse sind. Aber es gibt Menschen, die sehr verzweifelt sind, blind vor Angst und Schmerz um sich schlagen und dumme Fehler machen, die ihnen irgendwann sehr leidtun.

Lassen Sie alles in Ruhe auf sich wirken. Bedanken Sie sich für die Offenheit und dafür, dass Sie in den Seelenraum Ihres Lieblingsmenschen eintreten durften. Wenn wir die Erlaubnis nicht gehabt hätten, wäre es nicht möglich gewesen. Vielleicht möchten Sie sich jetzt oder später auch ein paar Notizen dazu machen. Manche Informationen ergeben erst Jahre später einen Sinn. Was wir jetzt nicht aufschreiben, geht meist bald wieder verloren. Mehr dazu lesen Sie unter Schritt 3 bei der Auswertung.

Miteinander reden – ohne gegenseitige Vorwürfe –, kann für beide ungemein entlastend, nährend und stabilisierend sein und erstaunlich schnell zu echter Nähe führen, wenn wir es nur richtig anstellen. Mit welchem Persönlichkeitstyp wir am besten wie umgehen und sprechen, habe ich in meinem Buch „Ich dich auch, Liebling" beschrieben. Bei Schritt 3 erhalten Sie weitere Tipps für solche Gespräche. Wir sind, wenn die Liebe auf der Kippe steht, leider immer sehr stark auf uns selbst bezogen. Das ist ganz natürlich. Aber es ist nicht hilfreich. Es macht eine offene Kommunikation unheimlich schwierig. Überall sind Tretminen. Bei jedem Wort kann eine hochgehen.

> **Bei jedem Wort kann eine Tretmine hochgehen.**

Blödes Verhalten ist nicht immer persönlich zu nehmen. Haben Sie schon mal daran gedacht, dass es mit Ihnen vielleicht überhaupt nichts zu tun hat? Möglicherweise ist Ihr Lieblingsmensch gerade furchtbar in der Klemme.

Wir glauben immer, wenn wir Mitgefühl mit dem anderen haben, dann bedeutet dies, dass wir dafür unsere eigenen Bedürfnisse aufgeben müssen. Aber das ist nicht wahr. Im

Gegenteil. Erst wenn wir mit uns selbst tiefstes Mitgefühl haben, können wir es auch mit einem anderen haben. Erst wenn wir uns selbst wie bei Schritt 1 einmal ganz und gar angenommen und uns selbst bis zum Schluss „zugehört" haben, haben wir auch den inneren Raum, die innere Ruhe und Kraft, unserem Lieblingsmenschen wirklich zuzuhören. Weil wir nur durch den Kontakt mit uns selbst verstehen lernen, dass wir alle zutiefst menschlich sind – mit allen Ängsten, Schmerzen, Wünschen, Hoffnungen und eben auch Blödheiten. Was wir dann gemeinsam oder jeder für sich entscheiden, ergibt sich später. Manchmal ist auch, trotz Mitgefühl für unseren Partner, eine Trennung unumgänglich. Wer mag, kann dann versuchen, ein Freund zu werden.

Wenn Sie mögen, machen Sie sich jetzt wieder Ihre Notizen zu diesem Abschnitt.

Arbeitshypothese 2: Wir können die Situation immer als Spiegel nutzen

Unser Lieblingsmensch versucht in jedem Moment die beste Version seiner selbst zu sein. Auch wenn es manchmal aus unserer Sicht überhaupt nicht danach aussieht. Und auch wenn wir selbst glauben, es wäre doch wirklich ein Leichtes, sich auf eine verträglichere Weise zu benehmen. Vielleicht wäre es für uns ein Leichtes. Aber wir wissen ja: Jeder ist anders. Mit der Arbeitshypothese 1 haben wir daher versucht, unserem Gegenüber mit dem Herzen zu begegnen und ihm die Achtung und Offenheit entgegenzubringen, die wir uns selbst auch wünschen. Dadurch haben wir möglicherweise ein neues Verständnis über die emotionalen Hintergründe seines/ihres Menschseins erfahren.

Mithilfe der zweiten Arbeitshypothese holen wir alles an Erkenntnis- und Entwicklungsmöglichkeiten heraus, was für uns durch diese Partnerschaftssituation entsteht. Man kann an allem wachsen, wenn man den Mut dazu hat, egal ob wir daran schuld haben oder nicht, ob es gerecht ist oder ungerecht, ob wir so ein Verhalten verdient haben oder nicht. Trotz allem lernen zu wollen unterscheidet uns von denen, die bitter werden, wenn das Leben ihnen übel mitspielt. Denn hierbei geht es weder um Schuld, noch darum, Fehler einzugestehen oder dem anderen gegenüber klein beizugeben. Es geht einfach darum, aus Selbstliebe und Fürsorglichkeit sich selbst gegenüber die Chance, die in dieser Krise für uns versteckt liegt, so intelligent wie möglich zu nutzen. Mit den Erkenntnissen können wir dafür sorgen, dass der Rest unseres Lebens besser wird, mit wem auch immer. Auf jeden Fall mit uns selbst.

Wir nehmen dafür ein paar kleine Tricks zu Hilfe sowie unsere Intuition und Kreativität. Bei dieser Arbeit ist übrigens auch unser Verstand wieder ein sehr gefragter Freund. Es geht wie bei einem Brainstorming. Sie wissen schon, diese Technik, mit deren Hilfe wir systematisch viele, gute, kreative, geniale und manchmal auch seltsame, abwegige, schwachsinnig wirkende oder lustige Ideen sammeln können. Man kann es übrigens sehr gut auch zu mehreren machen. Auch in unserem Fall.

Die Spielregel dafür ist einfach: Wir sammeln zuerst zu einem bestimmten Thema wahllos und völlig wertfrei alle Ideen, die uns dazu einfallen, und überprüfen *anschließend*, welche davon uns weiter bringen. Wohlgemerkt anschließend. Dabei hat sich herausgestellt, dass oftmals die Ideen, die auf den ersten Blick völlig blödsinnig wirken, hinterher – nach mehrfachem Drehen und Wenden – überraschend genial sein können. Also tun Sie sich selbst den Gefallen und bewerten Sie im ersten Schritt keinen Ihrer Einfälle oder derer, die mitmachen. Lassen Sie es einfach laufen, fließen, wie Wasser aus einer frischen Quelle. Sinnvoll ist auch, jede Idee sofort aufzuschreiben und dann gleich weiter zu hirnen. Notizbuch und Stift bereit? Dann fangen wir an.

Nehmen wir einmal an, wir wären alle weitaus schlauer und mächtiger, als wir normalerweise glauben. Schöner Gedanke. Und nehmen wir weiterhin an, wir wären darüber hinaus noch bedingungslose Liebe und Weisheit pur in Bezug auf uns selbst. Und dass wir uns aufgrund dieser Liebe, Weisheit und Allmacht absichtlich in Situationen wie diese bringen könnten, die zwar phasenweise schwierig und äußerst unerfreulich sind, die aber für unser späteres Glück sehr, sehr lehrreich sein könnten …

Nun die ersten Brainstorming-Fragen: Welche positive Absicht würden Sie damit für sich selbst verfolgen? Was

Wozu kann die Situation gut sein?

würden Sie Konstruktives aus dieser Beziehungssituation lernen können? Warum könnten Sie sich selbst in genau diese Situation mit Ihrem Partner bzw. Ihrer Partnerin gebracht haben? Wozu kann diese bescheuerte Situation mittelfristig gut sein?

Es sollten wirklich positive, erfreuliche, lebensbejahende Dinge sein, die tatsächlich „lernenswert" sind – nichts, bei dem wir grimmig, bitter und beleidigt mit verkrampftem Unterkiefer und verkniffenen Lippen in uns hineinnicken. Auf Dauer bleibt uns übrigens das Gesicht, das wir am häufigsten machen. Vorsicht also. Gedanken wie „Ich will vielleicht lernen, dass ich es nicht verdient habe, dass man liebevoll mit mir umgeht", „Ich will wahrscheinlich einsehen, dass ich zu blöd bin, um eine Beziehung zu führen" oder „Ich will lernen, dass die Liebe nichts für mich ist" sind natürlich nicht positiv. Positiv wäre hingegen „Ich will endlich lernen, dass ich es verdient habe, dass man liebevoll mit mir umgeht, indem ich selbst damit anfange" oder „Ich will lernen, wie ich auf konstruktive Weise eine Beziehung führen kann" oder „Ich will lernen, auch mal Nein zu sagen".

Schauen Sie auf die Uhr: Überlegen und sammeln Sie Ideen – mindestens 15 Minuten lang. Länger ist erlaubt, kürzer nicht. Fangen Sie an. Warum könnten Sie sich auf das hier eingelassen haben?

Haben Sie ein paar Gedanken notiert? Super. Aufschreiben ist sehr hilfreich, denn die Auswertung erfolgt ja erst später im dritten Schritt. Machen wir also weiter.

Nehmen wir nun an, unser Lieblingsmensch wäre sehr viel schlauer und mächtiger, als wir normalerweise annehmen würden. Schöner Gedanke? Schlauer ja, mächtiger lieber nicht. Und er wäre nicht nur schlau und mächtig, sondern auch noch die Liebe pur, was uns betrifft. Jetzt ist es aber wirklich ein schöner Gedanke. Nehmen wir weiter an, unser Lieblingsfeind würde sich uns gegenüber nur deswegen so unmöglich benehmen, wie er es tut, weil er ganz genau weiß, dass wir nur so und nicht anders etwas sehr, sehr Kostbares lernen können. Etwas, das unser Leben auf wirklich sehr positive Weise zum Besseren wenden kann.

Er würde also nur aus innigster Liebe zu uns die Rolle des Bösewichts spielen, um uns dadurch so sehr in Bedrängnis zu bringen, dass wir etwas Altes und sehr Destruktives in unserem Leben erkennen und loslassen können. Dass wir uns wie von einem bösen Fluch befreien können, weil wir diesen endlich aufdecken, erkennen und dadurch ein für alle Mal frei davon werden können. Und in seiner/ihrer Liebe hofft er/sie täglich, wir würden die Botschaft endlich erkennen, damit er/sie aufhören kann mit diesem bösen Spiel …

Nun die zweiten Brainstormingfragen: Was könnte es sein, das dieses liebevolle und weise Wesen Ihnen beibringen möchte? Was lebt er/sie Ihnen vielleicht im Übermaß vor, damit Sie selbst es wenigstens ein bisschen in Ihr Leben integrieren? Womit nervt Sie jemand, weil Sie in einem anderen Bereich ähnliche, unbewusste Gewohnheiten haben, die Ihnen nicht guttun? Was unterlässt jemand, weil Sie es sich selbst gegenüber auch unterlassen, obwohl es ein Akt der Selbstliebe wäre, es zu tun? Wenn jemand, der Liebe und Weisheit pur wäre, so etwas tun würde, wie es in Ihrem ganz speziellen Fall Ihr Lieblingsmonster tut oder leider unterlässt, welche durchweg positive Absicht könnte sich dahinter verbergen? Welche Herzenswünsche und Grundbedürfnisse werden für Sie gerade dadurch deutlich? Welcher Urschmerz Ihrer Seele wird dadurch berührt und damit erkenn- und heilbar, ein Schmerz, wegen dem Sie vielleicht noch nie ganz frei, voller Energie und Liebe dem Leben vertrauen konnten? Welches negative Gefühl, welche beschränkende Einstellung sich selbst oder dem Leben gegenüber kommt hierdurch aus Ihrem Unterbewusstsein ans Tageslicht, um durch Ihre Selbstliebe oder Ihr Vertrauen ins Leben jetzt endlich geheilt zu werden?

> **Den anderen als Spiegel zur Selbsterkenntnis zu nutzen zeugt von Selbstliebe, Intelligenz und Mut.**

Auch wenn es auf den ersten Blick absurd erscheint, bleiben Sie dran. Lassen Sie Ihrer Kreativität freien Lauf. Und notieren Sie während der nächsten 15 Minuten (oder länger) wieder jeden positiven, lernenswerten Gedanken, während Sie den Fragen nachspüren.

Wenn Sie damit fertig sind, haben Sie wahrscheinlich noch mal ein paar Punkte notiert, die Ihrem Leben eine positive Wendung geben könnten. Es spielt dabei keine Rolle, ob Sie daran glauben, dass das Leben so funktioniert, oder nicht. Entscheidend ist allein, dass Sie mit solchen Fragen auch die schmerzhafteste und destruktivste Situation dazu nutzen können, für sich etwas Positives rauszuziehen. Auf diese Weise sind wir nicht nur Stehaufmännchen oder -frauchen im Leben, sondern wir werden sogar jedes Mal kraftvoller, authentischer, mutiger, und wir bekommen immer mehr Tigerenergie. Und diese hebt entweder unsere jetzige oder unsere nächste Partnerschaft auf ein neues Niveau. Unterlassen wir jedoch solche Fragestellungen, so sind wir gefährdet, immer bitterer, verschlossener und misstrauischer zu werden – und irgendwann vielleicht richtige kleine Angstbeißer.

> Weich ist stärker als hart. Wasser ist stärker als Stein.
> Liebe ist stärker als Gewalt. (Hermann Hesse)

Carsten: „*Meine Partnerin machte mir mit Vorwürfen ständig das Leben zur Hölle. Ich war zwischen Schuldgefühlen und Wut hin- und hergerissen. Durch den dauernden Versuch, den Streitereien mit ihr aus dem Weg zu gehen, hatte ich mich schon total verbogen, griff teilweise zu Notlügen und war ständig angespannt. Aufgrund der Frage, wozu das gut sein kann, kam mir plötzlich die Erkenntnis, dass ich es trotz* aller Bemühungen vermutlich nie schaffen würde, es ihr und dem Rest der Welt immer recht zu machen. Das Unmögliche zu versuchen macht keinen Sinn, noch dazu, wo es einen so hohen Preis hat — denn ich war nicht nur dauerverkrampft und innerlich gebeugt, ich hatte schon seit Jahren nicht mehr darauf geachtet, was mir selbst eigentlich wichtig ist. Als ich noch tiefer in mich hineinspürte, fand ich den Irrglauben, dass es sich nicht gehört, einfach so zu leben, wie es einem gefällt, jedenfalls nicht für mich. Damit verbunden war ein sehr unangenehmes Gefühl in Bezug auf mich selbst, so als wäre ich es nicht wert, glücklich zu sein. Da verstand ich, dass meine Frau mir durch ihre Art einen Fingerzeig gegeben hatte auf diese lieblose Einstellung mir selbst gegenüber. Ich fühlte mich plötzlich dankbar dafür. Was für eine Erleichterung! Seitdem übe ich Selbstachtung und Klarheit, mit mir selbst und in Bezug auf meine Frau. Erstaunlich ist dabei, dass sie seitdem weniger auf mir herumhackt — obwohl ich mich weniger um sie, sondern mehr um mich selbst kümmere."

Wer Lust hat, kann dieses Brainstorming reihum mit ein paar engen Freunden oder Freundinnen durchführen, jeder mit seinem aktuellen Problem. Nach dem Motto: Dies und jenes ist die Situation. Die Kurzbeschreibung sollte nur etwa zwei Minuten dauern.

1. Warum könnte jemand so etwas „anziehen", um was zu lernen? Wenn du bzw. ihr dieser Jemand wärt, der sich aus höherer Weisheit in so eine Situation hineinmanövriert hat, was wäre der mögliche positive Grund dafür? Und im zweiten Durchgang:

2. Warum könnte jemand als mit involvierte Person, als Partner/in, sich so benehmen, um welche Botschaft rüberzubringen? Wenn du oder ihr dieser Partner oder diese Partnerin wärt und würdet euch aus höherer Weisheit so benehmen, was wolltet ihr dadurch für euch selbst lernen? Was könnte die versteckte, liebevolle Botschaft für euer Gegenüber in der Beziehung sein?

In beiden Fällen gelten wieder nur konstruktive Ansätze, die zu mehr Verständnis von sich selbst und/oder dem Partner führen. Es ist im Übrigen wirklich nicht nur spannend, sondern auch sehr ergiebig, dieses Brainstorming mit anderen zu machen. Dabei kommen Ideen zutage, an die wir selbst nie gedacht hätten, die uns manchmal aber sehr weiterhelfen können. Außerdem ist es ein gutes Training, auf diese positive Art zu denken. Wer sich eingehender mit diesem Thema beschäftigen möchte, dem empfehle ich das Buch „Cosmic Ordering: Die neue Dimension der Realitätsgestaltung aus dem alten hawaiianischen Ho'oponopono" von Bärbel und Manfred Mohr (siehe Literaturempfehlungen).

Laura: „Mein Mann betrügt mich seit Jahren, jetzt bin ich dahintergekommen. Er weigert sich außerdem, das Verhältnis zu beenden. Es war ein Schock. Durch die Frage, wozu das gut sein kann, wurde mir klar, dass ich mich total abhängig gemacht hatte von ihm und ihm die gesamte Verantwortung für meine Zukunft übergeben hatte. Ich konnte mir nicht vorstellen, alleine zu leben und zu überleben. Aufgrund der

Situation musste ich mich mit dieser Frage auseinandersetzen und habe im Laufe der folgenden Monate unendlich viel gelernt. Ich bin heute nicht mehr das Mäuschen, das Heimchen am Herd, das ich einmal war. Dass ich so stark geworden bin, habe ich in gewissem Maße ihm zu verdanken. Kürzlich haben wir beschlossen, es noch einmal miteinander zu versuchen – nur wir. Es ist nicht zu vergleichen mit dem, wie es früher war. Wir sind beide ganz andere Menschen."

Verena: „Mir war vorher nie klar, dass ich mir bisher überhaupt kein guter Freund war. Diese Erkenntnis hat mich getroffen wie der Blitz."

Schritt 3: Den Tiger reiten

In diesem letzten Schritt werten wir nun unsere Ergebnisse aus. Bei dieser Analyse wollen wir uns selbst nicht beweisen, wie „cool" oder „reif" wir sind, denn das wissen wir ja schon. Wir wollen diesmal wie ein achtsamer, liebevoller Freund den Regungen unserer Seele nachspüren, um uns selbst von alten Fesseln zu befreien und seelische Wunden zu lindern. Und wir wollen zur besten Entscheidung gelangen, wie es mit unserer Beziehung weitergehen kann.

Bei der Auswertung nehmen wir uns zuerst die Fragestellungen vor, die uns definitiv alleine betreffen (die Ideen, die wir als Spiegel nutzen können, um uns weiterzuentwickeln, die Erkenntnisse am Rückzugsort und unserem Kraftplatz sowie unsere Gedanken zum Thema Neuanfang ohne Partner). Danach sehen wir uns dann die Notizen an, die uns beide betreffen (was uns an unserem Partner noch hält, unsere Wunschliste im Projekt Liebe, die Erfahrungen bei dem „Besuch in der Aura" unseres Lieblingsmenschen und die schwarze Liste). Jede Menge Stoff also, um mit uns, unserem Lieblingsfeind und der Gesamtsituation klarer zu werden.

Auswertung der Brainstorming-Fragen

Wir beginnen mit Ihren letzten Brainstorming-Notizen, wie Sie die aktuelle Situation als Spiegel benutzen können. Schauen Sie sich Ihre Liste von der letzten Übung an. Lesen sie jede der Brainstorming-Ideen einzeln und lassen Sie sie wirken. Wie fühlen Sie sich damit? Atmen Sie tief ein und aus und fühlen Sie nacheinander diese Möglichkeiten, die da auf der Liste stehen. Es sind alles Türen in eine neue Lebensqualität. Welche steht für Sie hier und jetzt an? Bei der Auswertung können wir wieder davon ausgehen, dass das, auf das wir besonders schnell oder heftig mit einem „Nein, das ist es bestimmt nicht" reagieren, den vielleicht größten Schatz für uns bereithält. Sie wissen ja, wir zucken nur so reflexartig, wenn es da eine Wunde gibt – so ist es körperlich und eben auch seelisch.

Die Idee, auf die wir mit der größten positiven oder negativen Heftigkeit reagieren, ist wahrscheinlich die mit der größten positiven Auswirkung auf unser Leben.

Wenn wir etwas heftig abwehren, dann stellen wir uns dabei auch etwas eindeutig Negatives vor. Doch es gibt bei allen Ideen immer auch dezentere Versionen, die durchaus etwas Konstruktives in sich tragen. Wir verbinden zum Beispiel mit einem bestimmten Verhalten Arroganz, also erst mal etwas Negatives. Bei genauerem Hinsehen trägt das Thema jedoch Selbstwertgefühl in sich. Oder etwas, das wir mit Aggression in Verbindung bringen, hat in dezenterem Ausmaß etwas mit Durchsetzungsvermögen zu tun, Egoismus mit der Fähigkeit, auf sich selbst zu achten. Geben Sie also jeder dieser Ideen erst eine echte Chance, Ihr Leben zu bereichern, bevor Sie sie ablehnen.

Was könnte das für Ihr Leben bedeuten, wie könnte das alles einen Sinn ergeben? Welche Idee hat die größte Anziehungskraft, die stärkste emotionale „Ladung" für Sie? Bei welcher hatten Sie, als sie geboren wurde, vielleicht sogar ein Aha-Erlebnis, das mit einem starken Energiefluss einherging? Gehen Sie nun in aller Ruhe Ihre Liste durch.

Diese Liste ist ein wahrer Fundus an Möglichkeiten für uns. Möglichkeiten, uns von einengenden Angewohnheiten zu befreien, die uns vorher gar nicht bewusst waren. Möglichkeiten, unsere Seele von alten Wunden zu heilen, die wir als solche gar nicht erkannt hatten. Möglichkeiten, um mehr Offenheit, Liebe und Freiheit in unser Leben zu lassen.

Wenn Sie nur eine davon als Chance nutzten, welche positiven Auswirkungen hätte das auf Ihr Leben, Ihre (jetzige oder zukünftige) Partnerschaft, Ihren Beruf, Ihre Familie, die Kinder, Ihre Gesundheit, Ihre Zufriedenheit, Ihr Selbstwertgefühl? Was, wenn Sie sogar mehrere Punkte Ihrer Liste für sich selbst auswerten und umsetzen würden? Geben Sie sich die Zeit, darüber nachzudenken, schließen Sie die Augen und atmen Sie tief. Spüren Sie in Ihre „Favoritenidee/n" hinein und erlauben Sie den Konsequenzen, die daraus entstehen könnten, sich zu offenbaren. Sehen, fühlen, hören, riechen und schmecken Sie Ihre neue Erkenntnis, Ihr neues Lebensgefühl. Was ist dadurch anders? Ein neues Leben fängt an. Jetzt.

Man erkennt einen inneren Volltreffer an dem Gefühl „schlagartiger innerer Befreiung". Viele erleben in dem Moment, in dem sie die Idee für sich zulassen und als Möglichkeit der persönlichen Erweiterung anerkennen, einen Energieschub. Das ist die Tigerenergie, die wir befreit haben. Sie steht uns ab jetzt zur Verfügung. Dafür, die Kraft und den Mut zu haben, diese Erkenntnis zu leben. Und um das Rückgrat zu haben, vielleicht auch den einen oder anderen Preis dafür zu zahlen.

Rita: *„Durch die Frage, was ich daraus lernen könnte, habe ich erkannt, dass ich mit einer ähnlichen Rigorosität meine verletzliche Seite behandelt habe wie mein Partner. Das hat mit einem Schlag mein Leben verändert."*

Dieser Energieschub kann sich als Begeisterung über die Erkenntnis zeigen oder als absolut sicheres, glasklares Wissen, dass es so ist. So eine Erkenntnis ist immer ein Gewinn und ein Neuanfang. Hier ändert sich unser Leben. Dafür hat sich der lange Weg durch die teilweise dunkle, verworrene Vergangenheit bis hierher gelohnt. Hier ist es leicht, ganz klar und hell. Wir fühlen uns erleichtert, befreit und mit einem Schlag offener und kraftvoller. Manchmal kompromissloser, aber zugleich auch versöhnlicher. Das Gefühl, ein Opfer der Umstände zu sein, ist verschwunden. Stattdessen ist da ein ganz neues „Selbst-Bewusstsein", das Gefühl von positiver Macht über unser Leben und Selbstverantwortung. Wir fühlen uns irgendwie erwachsener, wacher und energiegeladener als vorher. Manche beschreiben diese Erkenntnis als „wie vom Blitz getroffen", als Belohnung für die vorherige Qual, als Segen, als Gefühl der Erleuchtung, der Krönung oder Erlösung. Manche dieser Momente sind größer und elementarer, andere kleiner und feiner – was ihre Bedeutsamkeit keineswegs schmälert. Auf jeden Fall ist es ein Grund zu feiern. Eine Erkenntnis ist geboren. Wie fühlt es sich bei Ihnen an, jetzt?

Mit der Erkenntnis wird schlagartig die gebundene Energie befreit – unsere Tigerenergie.

Wenn Sie gerade so ein Erlebnis haben, dann lesen Sie heute nicht mehr weiter. Lassen Sie es auf sich wirken und genießen Sie die freigesetzte Energie. Es ist ein kostbarer Augenblick.

Auswertung der Erfahrungen am Rückzugsort

Wenn Sie es wirklich angehen wollen, nicht nur durch Lesen, sondern auch indem Sie es für sich ausprobieren und umsetzen wollen, dann haben Sie vielleicht schon mindestens einmal Ihren ganz persönlichen Rückzugsort aufgesucht und sich danach ein paar wertvolle Erkenntnisse in Bezug auf sich selbst notiert. Wenn wir das öfter tun, wird er nach und nach zu unserem geheimen Kraftplatz. Denn durch die Offenheit uns selbst gegenüber, gerade in Phasen der vermeintlichen Schwäche, sparen wir **Verdrängen kostet Tigerenergie.** die Energie, die wir brauchen würden, um diese Inhalte vor uns selbst zu verstecken. Diesen Mechanismus nennt die Psychologie Verdrängen. Verdrängung kostet Tigerenergie. Je mehr wir verdrängen, umso weniger Energie bleibt zum Leben übrig. Eigentlich logisch.

Je öfter wir also vor uns selbst „die Hosen runterlassen", umso mehr Energie haben wir zur Verfügung. Das ist das Geheimnis, warum Menschen, die sich ihre Schwächen einfach verzeihen und sich selbst damit ertragen können, immer kraftvoller und charismatischer werden. Der Schlüssel dazu heißt, das Herz für sich selbst zu öffnen. Die schlechte Nachricht: Es fällt anfangs nicht ganz leicht. Die gute: Es ist lernbar durch Übung. Für eine tiefe Partnerschaft ist es sogar unerlässlich, mit sich selbst „nah" zu sein. Wir können in der Beziehung nur so viel Offenheit leben wie mit uns selbst.

Dora: „Mir wurde an meinem Rückzugsort klar, dass ich mich ausgenutzt fühle in meiner Partnerschaft. Ich mache alles für meinen Partner und gebe sehr viel. Ich kümmere mich um alle seine Termine, um sein gesamtes Leben eigentlich. Und er nimmt es einfach selbstverständlich und ist völlig verantwortungslos. Bei genauerem Hinsehen habe ich schließlich erkannt, dass ich ihn in den letzten Jahren förmlich dazu erzogen habe, so zu werden. Aus Liebe habe ich ihm alles abnehmen wollen. Um perfekt für ihn zu sein, um geliebt zu werden. Jetzt weiß ich, dass ich dabei mit mir selbst oft grausam war, viel zu weit über meine Grenzen gegangen bin und versucht habe, meine mangelnde Selbstliebe durch seine Liebe auszugleichen. Dafür der ganze Aufwand. Gut, dass der Plan nicht aufgegangen ist. Sonst hätte ich nie angefangen, mich selbst zu mögen. Das ist lang nicht so anstrengend wie jemand zu retten, der gar nicht wirklich gerettet werden möchte. Wenn ich nur halb so viel Energie in mich selbst investiere, dann kann ich mein gesamtes Leben auf positivste Weise auf den Kopf stellen."

Die Aspekte des Kraftplatzes nutzen

Falls Sie die innere Konzentrationsübung auf Ihre starke Seite durchgeführt haben, haben Sie vielleicht einige Notizen dazu, wie sich Stabilität und Selbstwertgefühl für Sie anfühlt, anhört, wie es aussehen, ja vielleicht sogar riechen oder schmecken kann. Wir haben gemeinsam Ihr Symbol über alle fünf Sinne mit diesen Erlebnissen verknüpft, sodass es Ihnen nun als „Anker" und Energiereservoir dienen kann. Wo haben Sie es eigentlich?

Es gibt mit solchen Dingen einige schöne Spielereien, die alle dazu dienen, Sie an die positive Seite des Lebens und die sonnige Seite Ihrer selbst zu erinnern. So könnten Sie Ihr Symbol zum Beispiel immer in einer Jacken-, Hosen- oder Rocktasche bei sich tragen und es immer, wenn Sie etwas Positives gemacht haben, mit sich zufrieden waren, gelobt wurden oder sich völlig grundlos (das ist am allerbesten) einfach selbst leiden können, von der Tasche auf der einen in die Tasche auf der anderen Seite stecken. Beim nächsten Mal wandert es dann wieder zurück und so fort. Ihr Unterbewusstsein entwickelt dabei eine neue Art der Wahrnehmung, einen Positivfilter nämlich, der Ihnen hilft, Ihre glücklichen Momente stärker zur Kenntnis zu nehmen.

Eine weitere Möglichkeit ist, sich jeden Abend zu überlegen, was Sie an diesem Tag liebenswert oder erfolgreich gemacht hat, wann Sie zufrieden und selbstbewusst waren oder sein konnten und sich, mit oder ohne Grund, gut leiden konnten. Wenn Sie diese kleinen Momente in Ihrem Erinnerungsvermögen aktiviert haben, dann setzen Sie sich an Ihren Kraftplatz, holen Ihr Symbol heraus und „übertragen" diese gute Stimmung wieder auf das Symbol. Oder tragen Sie diese Momente einfach in einen persönlichen Positiv-Ordner im PC ein.

Je öfter wir solche Methoden nutzen, umso leichter fällt es uns und umso größeren Nutzen können wir daraus ziehen. Auf diese Weise wird zum Beispiel Ihr Symbol für Ihr

Unterbewusstsein zu Ihrem ganz persönlichen Glücksbringer, der von Mal zu Mal in seiner Kraft wächst und machtvoller wird. Den Positiv-Ordner kann man hernehmen, wenn man sich gerade mal wieder ausschließlich klein und hässlich fühlt.

> Selbstliebe ist lernbar. Fangen Sie an mit positiven Dingen, die Sie an sich beobachten, und wagen Sie dann den Sprung, sich „einfach so" oder auch „trotzdem" zu mögen.

Solche Übungen haben vor allem den Effekt, uns vermehrt auf die Sonnenseite des Lebens auszurichten. Sie helfen uns zum Beispiel, uns für unsere sogenannten starken Seiten zu sensibilisieren und ein gesundes Selbstwertgefühl aufzubauen – ein guter Gegenpol zu unserem strengen inneren Kritiker.

Die Selbstliebe hat natürlich in Wirklichkeit, genauso wie die Liebe auch, nichts mit irgendwelchen Errungenschaften, Verhaltensweisen oder gelebten Fähigkeiten während des Alltags zu tun, sie ist Ihrer Natur nach vielmehr bedingungslos. Doch das ist ja immer leichter gesagt als getan. Und so machen wir uns den Einstieg in die Eigenliebe einfach leichter.

Der Kraftplatz und das Symbol werden, je öfter wir sie auf diese Weise nutzen und positiv aufladen, immer kraftvoller. Probieren Sie es einfach aus!

Die Übung „Neuanfang ohne Partner" innerhalb der Beziehung nutzen

Sie erinnern sich noch an die Frage, was Sie alles in Ihrem Leben ändern wollten, wenn Sie sich trennen würden, welche positiven Aspekte eine Trennung für Sie bereithalten könnte? Vielleicht haben Sie sich ein paar Dinge aufgeschrieben, die sich wirklich gut angefühlt haben, die eine positive Aussicht auf Ihr weiteres Leben zuließen? Was wollten Sie in diesem neuen Leben nicht mehr tun, was wollten Sie gern anfangen? Wie möchten Sie Ihre Zeit verbringen und mit wem?

Der entscheidende Punkt dieser Überlegungen ist, dass wir – im Fall des Alleinseins – leichter die komplette Verantwortung für unser Glücklichsein zu übernehmen bereit sind, als wenn es da an unserer Seite das Lieblingsmonster gibt, das unserer Meinung nach diesen Job hätte, ihn aber nicht wahrnimmt. Nehmen Sie Ihre Notizen her und schauen Sie, was da steht. Finden Sie heraus, welche Aspekte Ihres neuen Lebens Sie vielleicht jetzt schon, innerhalb Ihrer Beziehung, selbstständig umsetzen können.

Wer sagt, dass wir nicht schon in der Partnerschaft anfangen können, wir selbst zu sein?

Sie werden überrascht sein, wie viel da möglich ist, wenn Sie sich dafür entscheiden. Wer sagt, dass wir nicht wir selbst sein bzw. werden können, solange wir in einer Partnerschaft sind? Wahrscheinlich ist sogar, dass sich Ihre Beziehung – nach gewissen Umgewöhnungsprozessen seitens

Ihres Partners bzw. Ihrer Partnerin – dadurch verbessert. Die Umgewöhnung aufgrund einer Trennung wäre für Sie beide viel einschneidender. Verbessert wird die Beziehung meist allein dadurch, dass Sie nach und nach immer besser drauf sind und dadurch den Fokus Ihrer Unzufriedenheit von Ihrem Partner wegnehmen. Das wird ihn/sie erleichtern.

Martin: *„Ich hatte sofort die tollsten Ideen, was ich alles gern mal wieder oder überhaupt endlich mal tun würde, wenn Schluss wäre. Und dann hab ich mich gefragt: Warum tue ich's nicht einfach? Trennen können wir uns dann immer noch. Wir haben in Ruhe über alles geredet und haben vieles geändert. Jetzt fühlen wir uns beide wohler.“*

Hatten Sie bei der Überlegung Angst vor der Einsamkeit oder davor, Ihr Leben alleine nicht meistern zu können? Finanziell, zeitlich oder aufgrund mangelnder Fähigkeiten? Angst vor der Trennung und den Konsequenzen danach ist natürlich kein „guter“ Grund, um zu bleiben, aber ein verständlicher. Deswegen ist er auch weit verbreitet, vor allem, wenn wir schon sehr lange in unserer Partnerschaft sind – nur, wer gibt das schon gern zu. Es ist mutig, wenn Sie sich diese Ängste eingestehen konnten. Nehmen Sie sie liebevoll mit an Ihren Rückzugsort, lassen Sie sie dort zu und sprechen Sie sich danach mit der Energie Ihres Kraftplatzes immer wieder Mut zu. Das stabilisiert Sie im Lauf der Zeit. Im Alltagsleben können Sie mit kleinen Dingen Schritt für Schritt ausprobieren, was es für Sie heißen könnte, eigenverantwortlich zu leben. Planen Sie systematisch Ihre „Selbstständigkeit", holen Sie sich Rat von Menschen, die Sie hierbei unterstützen können, und üben Sie die ersten kleinen Schritte. Den gewohnten Aktionsradius zu überschreiten erfordert immer Mut, doch anders geht es nicht, wenn wir uns entwickeln und befreien wollen. Wenn wir dazu nicht in der Lage wären, hätten wir niemals laufen gelernt.

Was könnten Sie ab jetzt ab und zu mal alleine oder mit jemand anderem statt Ihrem Partner bzw. Ihrer Partnerin tun? Fangen Sie mit kleinen Dingen an und steigern Sie dann ganz langsam, in Ihrer eigenen Zeit, den Schwierigkeitsgrad. Auch wenn Sie in Ihrer Beziehung bleiben, wird das eine positive Auswirkung auf Sie haben – und damit wahrscheinlich auf Sie beide. Ist unsere Abhängigkeit und unsere Angst vor dem Alleinsein zu einem hohen Grad transformiert, dann bleiben wir aus Liebe – oder wir gehen.

> **Sind wir nicht mehr abhängig, bleiben wir aus Liebe – oder wir gehen.**

Die Positiv-Liste und den Beziehungswunschzettel für mehr Innigkeit nutzen

Oftmals wird uns ja erst im Moment des Schmerzes bewusst, dass wir einen Wunsch hatten, der gerade nicht erfüllt wurde. Da unsere Wünsche und Bedürfnisse so individuell wie unsere Ängste sein können, weiß unser Lieblingsmonster manchmal wirklich nichts davon. Es gibt natürlich auch Bedürfnisse, die sind allgemein so verbreitet, dass wir davon ausgehen müssen, der Partner bzw. die Partnerin weiß es. Trotz allem ist es sinnvoll, sich zuallererst selbst einmal bewusst zu machen, was wir eigentlich wollen, und es dann dem anderen mitzuteilen.

Besonders gut kommt so ein gegenseitiger „Wünsche-Abend", wenn Sie sich als Erstes erzählen, was Sie in der Partnerschaft hält, was Sie an Ihrem Partner lieben und schätzen. Was Sie wirklich schmerzlich vermissen würden und wofür Sie ihm danken möchten. Damit fühlt sich unser Gegenüber gesehen und geachtet. Selbst wenn wir uns zu einem späteren Zeitpunkt doch noch für eine Trennung entscheiden, dann hätten wir respektvoll die guten wie die schwierigen Aspekte der Beziehung anerkannt. Das ist nichts anderes als Fairness und das Mindeste, was wir uns gegenseitig im Namen der Liebe „schuldig" sind.

Es ist wichtig, sich gegenseitig in einem schönen Rahmen irgendwann mal die tiefsten Wünsche zu offenbaren, etwa in einem wundervollen Restaurant, bei einem Spaziergang oder zu Hause bei Kerzenschein und leiser Musik. Aber erwarten Sie bitte nicht, Ihr Partner bzw. Ihre Partnerin hätte auch nur die geringste Chance, diese Wunschliste zu erfüllen. Die Idee, dass unser Glück davon abhängt, dass unser Partner sich an diese Wunschliste hält, ist Illusion. Das schaffen wir ja nicht mal selbst. Was wir aber tun können, ist üben. Miteinander und jeder für sich. Üben Sie doch einfach regelmäßig, sich selbst um Ihr Glück zu kümmern. Beispielsweise indem Sie einfach immer öfter „ganz da" sind, ohne Ziel, und Ihr Herz öffnen für sich und das Leben. So, als wären Sie verliebt.

Es gibt immer irgendetwas, das anders ist, als wir es gerade möchten. Die Ursache für unser Glück oder Unglück liegt allein in uns. Denn das Leben so lieben zu lernen, wie es nun mal ist, ist eine hohe Kunst. Etwas für echte Tiger.

Mit dem einen Partner bekommen wir mehr vom einen, mit dem anderen mehr vom anderen. Alles bekommen wir wahrscheinlich von keinem. Michael Mary schreibt so schön in seinem Buch „Lebt die Liebe, die ihr habt", dass jede Beziehung ihre eigene Farbe, ihre eigenen Möglichkeiten hat. Die können wir genießen und uns um den Rest selbst kümmern. Wenn wir auf irgendetwas hoffen und warten, werden wir nie glücklich, denn wir verpassen dann immer den jetzigen Moment. Glück kann sich jedoch immer nur jetzt ereignen. Einfach so, zum Beispiel in der vertrauten Innigkeit, wenn man sich gegenseitig von Herz zu Herz die Sehnsüchte mitteilt, dabei die zarte Verbindung fühlt und bewusst atmet. Hier ist das Glück, nicht dort. Solche Gespräche machen nur Sinn, wenn wir sie vom Herzen her führen. Wir können immer mal wieder zeigen, dass wir uns füreinander interessieren. Wann haben Sie

Ihrem Partner oder Ihrer Partnerin zuletzt etwas Freundliches gesagt? Haben Sie Ihren Lieblingsmenschen schon
einmal mit offenem, mitfühlendem Herzen gefragt, wie er
die Situation momentan erlebt, wie alles von seiner Seite
aus aussieht und es sich anfühlt? Wie es ihm/ihr zurzeit
geht? Was ihm/ihr Angst macht, wehtut, was er/sie an
Ihnen eigentlich noch schätzt und liebt und was er/sie
sich zutiefst wünscht? Und haben Sie ihm dann wirklich
vom Herzen her mitfühlend und offen zugehört „bis zum
letzten Tropfen"? Ohne gleich mit den eigenen Ansichten
dazwischenzuschießen und ums Rechthaben zu kämpfen?
Auch wenn es nicht ganz leicht ist? Vielleicht ist ja jetzt
eine Basis da für so einen Austausch. Und vielleicht hat Ihr
Lieblingsmensch in dieser neuen Atmosphäre ja auch etwas
ganz Neues zu sagen.

> Wenn Sie Ihren Lieblingsmenschen etwas fragen, dann
> hören Sie ihm unbedingt auch zu, bis er/sie fertig ist.
> Und versuchen Sie, wirklich zu verstehen.
> Keine Diskussionen, kein Aber, sonst gibt es nur wieder
> Streit. Denken Sie daran: Sie haben beide recht.

Den „Aura-Besuch" auswerten

Vielleicht haben Sie ja bei Schritt 2 die Gelegenheit genutzt
und in das Energiefeld Ihres Lieblingsfeindes hineinge-

fühlt. Die Wirkungsebene, die ein solches Hineinspüren in einen anderen, ja in ganze Beziehungsgeflechte ermöglicht, heißt morphogenetisches Feld. Es gibt eine Reihe sehr interessanter Literatur zu diesem Thema, etwa von Rupert Sheldrake, Marlies Holitzka, Thomas Schäfer (siehe Literaturempfehlungen), und es wird bei sogenannten Familienaufstellungen nach Hellinger und Organisationsaufstellungen seit vielen Jahren professionell genutzt, um Fragen zu klären, die anders manchmal nicht geklärt werden können. Auch um Antworten zu finden und vor allem Lösungen, die für alle Beteiligten heilsam sind – im privaten wie auch im geschäftlichen Umfeld. In meiner Praxis arbeite ich seit vielen Jahren regelmäßig damit und bin immer wieder beeindruckt, wie schnell sich Gefühle und Situationen positiv verändern können, wenn wir nur einmal bei dem anderen hinter die Fassade geschaut haben, und wie umwälzend ein kurzer Moment des Verstehens sich auswirken kann.

> **Wir sind alle über morphogenetische Felder verbunden. Besonders mit Menschen, die uns nahestehen.**

Wir können diese Verbindungsebene immer betreten, jeder von uns. Voraussetzung ist, dass wir nicht gerade „belagert" werden von unserem eigenen emotionalen Drama. Dann wäre nämlich kein Platz für eine wertfreie, neutrale Wahrnehmung dessen, was ist, und wir würden hauptsächlich unsere eigene Thematik und belasteten Gedanken in die Welt projizieren. Daher ist dieser Schritt erst nach

Schritt 1 der 3-Schritte-Technik sinnvoll. Um brauchbare Ergebnisse damit zu erzielen, ist es notwendig, vorher aus dem Herzen heraus die Verbindung aufzunehmen und dann wirklich so offen wie nur möglich zu sein. Wir sollten alles, was wir vermeintlich zu wissen glauben, draußen lassen, sonst bildet das einen Filter, der die tatsächlichen Wahrnehmungen verzerrt oder sogar völlig verhindert. Je öfter wir solche Wahrnehmungsübungen nach innen mit uns selbst (Schritt 1) und nach außen mit anderen (Schritt 2) machen, umso leichter fällt es uns, dabei unseren Verstand nicht so wichtig zu nehmen. Er meint es zwar gut, hat aber kein Instrumentarium, um wirklich mitzuhelfen, und ist daher meist nur völlig irritiert. Für solche Wahrnehmungen hat er keine Antennen. Deswegen kann er derlei Übungen auch erst mal nicht leiden und versucht sie uns als Blödsinn zu verkaufen. Beruhigen Sie ihn, er kann einstweilen ein Nickerchen machen. Danach können wir ihn ja wieder aufwecken.

Unser Verstand kann einstweilen ein Nickerchen machen.

Natürlich bekommen wir hier keine Informationen auf der Ebene: „Welche Telefonnummer hat seine Freundin?" oder „Wo war meine Frau am letzten Freitag?" Wir bekommen hier emotionale Empfindungen, meist jenseits von Worten und konkreten Inhalten.

Da wir in unserer eigenen Beziehung emotional sehr beteiligt sind, ist gerade die notwendige Neutralität nicht immer einfach. Daher sollten wir in der Arbeit mit Nahestehenden einkalkulieren, dass wir hinsichtlich der Erkenntnisse aus solchen „Besuchen im Energiefeld des anderen" nie zu 100 Prozent sicher sein können, ob sich nicht eine Projektion unsererseits mit eingeschlichen hat, die von unserer Angst herrührt und weniger von der tatsächlichen Realität unseres Gegenübers. Dies gilt besonders bei sehr negativ erlebten „Ergebnissen" uns gegenüber. Dennoch ist es eine herzensbildende Übung, deren Ergebnis ein weiterer wertvoller Anhaltspunkt sein kann in dem Prozess, unseren Partner bzw. unsere Partnerin besser zu verstehen. Bei der Auswertung danach sollte immer der Grundsatz In dubio pro reo gelten – Im Zweifel für den Angeklagten. Wenn wir unseren Partner während dieser Übung allerdings als Bösewicht empfinden, dann können wir davon ausgehen, dass die Ergebnisse von diesem unserem negativen Vorurteil so verzerrt werden, dass sie nicht mehr brauchbar sind. Wenn wir unsere innere Wut, Angst oder Trauer vorher nicht loslassen können, dann können wir dieses Instrument einfach momentan nicht nutzen. Vielleicht später.

Unser innerer Tiger kann jederzeit die Witterung seines Gefährten aufnehmen. Wenn er jedoch verletzt und hungrig ist, wird er zur Gefahr für alles um ihn herum. So ein Tiger bekommt daher keinen Einlass in den verletzlichen Seelenraum eines anderen.

Man kann diese Art der Wahrnehmung übrigens auch sehr gut im Stehen durchführen. Das hat den Vorteil, dass man auch die Kraft und Richtungstendenzen in den Beinen noch besser spürt als im Sitzen. Meist wird jedoch ein erstes Hineinspüren im Sitzen als leichter empfunden. Probieren Sie es einfach aus. Wenn Sie es öfter machen, empfehle ich die stehende Variante.

Sinnvoll kann es natürlich auch sein, mit unserem Lieblingsmenschen später einmal darüber zu sprechen. Erwarten Sie dabei nicht zu viel. Auch er/sie hat einen Verstand, der solche Methoden vielleicht erst mal abwertet. Für derlei Gespräche ist es außerdem hilfreich, daran zu denken, dass es immer mehrere Ebenen in unserem Gefühlsleben gibt, die wie Schichten übereinanderliegen. So kann zum Beispiel in einer oberflächlichen Ebene schlichtweg gar nichts zu finden sein, was sich wie Taubheit anfühlt, in einer tieferen kann jedoch große Angst, ja Panik vorherrschen. Oder in einer oberflächlichen Ebene ist vielleicht große Wut, dahinter jedoch tiefste Traurigkeit und schmerzhafte Verzweiflung. Manchmal wohnt arrogant wirkendes Selbstbewusstsein Wand an Wand mit dem schlimmsten Selbstzweifel oder die innigste Liebe und panische Verlustangst neben dem blanken Hass.

Zu welcher Ebene bzw. zu welchem Bereich wir als Außenstehender Zugang finden, wissen wir leider nicht. Es hängt unter anderem mit unserer Offenheit in Bezug auf uns selbst zusammen und dem daraus entstehenden Mut, die entsprechende Gefühlsqualität der anderen Person auch auszuhalten. Das ist nämlich theoretisch ganz leicht und interessant, tatsächlich jedoch kann es ein Sonntagsausflug in die Hölle sein. Diesen Mut kann man sich nicht herdenken, er wächst ausschließlich aufgrund unserer lebendigen Authentizität mit unseren eigenen Gefühlen.

Ein Besuch im Gefühlsleben des Partners kann auch zum Sonntagsausflug in die Hölle werden.

Es ist jedoch gut möglich, dass wir durch unser ehrliches Interesse auf einen Teil der Wahrheit unseres Partners oder unserer Partnerin stoßen, vor allem, wenn uns eine gefühlte Erkenntnis sehr überrascht und im Herzen so berührt, dass wir uns wieder öffnen können. Auch dann, wenn er/sie selbst vielleicht (noch) keinen Zugang zu dieser Ebene finden kann. Im Seelenraum gibt es viele Wahrheiten. Wir können allen Aspekten immer nur mit der gleichen Ehrfurcht und Achtung begegnen.

Die schwarze Liste für ein Klärungsgespräch nutzen

Nachdem wir die schwarze Liste an unserem Rückzugsort selbst „bearbeitet" haben, können wir sie auch systematisch dafür hernehmen, um mit unserem Partner bzw. unserer Partnerin gemeinsam in unserer Beziehungsvergangenheit „aufzuräumen". Unser Partner hat vielleicht auch so eine schwarze Liste. Das Ziel hierbei ist nicht, sich gegenseitig eins überzubraten, sondern Raum für gegenseitiges Verständnis zu schaffen, Offenheit zu üben und sich noch tiefer kennenzulernen. Jeder sich und jeder den anderen. Eine gute Hypothese dabei ist, dass der andere höchstwahrscheinlich nichts auf dieser Liste getan hat, um uns absichtlich zu verletzen. Und doch ist es passiert.

Unseren Partner zu lieben, wenn er gerade seine Sonnenseite zeigt, ist einfach. Zur Herausforderung wird es, wenn er gerade Angst hat, wütend ist, auf Rückzug geht, etwas einfordert, sich schämt, zumacht usw.

Wir erinnern uns, dass es hierbei nicht um Schuld geht und daher auch nicht um Vorwurf. Es geht vielmehr darum, offen und freimütig aus dem Herzen heraus zu sagen, was wir uns wünschen oder gewünscht hätten, wie wir uns damit gefühlt haben und was für uns jetzt hilfreich wäre. Entscheidend ist auch, dass wir uns Schritt für Schritt in die Lage bringen, uns selbst zu ertragen, wenn unser Partner manchmal so ganz anders ist, als wir ihn/ sie gern hätten. Dennoch nach innen und außen offen zu bleiben ist eine hohe Kunst, uns immer wieder zu öffnen ein guter Zwischenschritt. Die „Geschichte" des anderen zu kennen oder zuzuhören kann dafür sehr hilfreich sein. Verstehen heißt nicht, alles zu akzeptieren. Wir können zu einem Verhalten Nein sagen, zur Person jedoch Ja. Grenzen setzen ist notwendig aus Gründen der Eigenliebe. Das kann auch mal Trennung bedeuten.

Die schwarze Liste als Basis für einen gemeinsamen Austausch zu nutzen ist eine echte Kunst. Denn es bedarf einer großen Portion Selbstverantwortung und Respekt vor dem Lieblingsmonster, um das Ganze nicht in eine Schlammschlacht münden zu lassen. Das Motiv dabei ist nicht wie in normalen Streitgesprächen, den anderen zu einer Verhaltensänderung zu bewegen oder ihm Schuldgefühle zu machen, ihn mit Drohungen oder Forderungen zu bombardieren oder ihm mit einer großen Abrechnung „eins reinzuwürgen". Das Motiv ist, sich gegenseitig mit den eigenen Empfindlichkeiten, Ängsten und Verletzungen zu offenbaren. Vielleicht gibt es da ein

So ein Klärungsgespräch erfordert sehr viel Selbstverantwortung, Respekt und Mut zur Offenheit.

paar „alte Geschichten" aus der eigenen Vergangenheit, die Sie sich gegenseitig erzählen können, die dem anderen helfen, noch besser zu verstehen, warum Sie beide an manchen Punkten so sensibel sind. Um Ihrem Unterbewusstsein den Unterschied zu einem Streitgespräch deutlich zu machen, können Sie sich vorher wieder einen Kreis aus Licht vorstellen, der Sie beide dabei unterstützt, offen und weich zu bleiben.

Für dieses Klärungsgespräch gelten die folgenden Spielregeln:

1. Es gibt kein Richtig oder Falsch. Emotionen sind, wie sie sind, und hängen mit demjenigen zusammen, der aus der Flut der Fakten die für ihn relevant erscheinenden auswählt, diese auf seine Art interpretiert und die Gefühle fühlt.

2. Legen Sie vorher die Zeit fest. Zuerst spricht der eine, am besten mindestens eine Stunde lang, dann der andere.
3. Der Sprecher spricht über sich, nicht über den Partner. Dafür eignen sich besonders Sätze, die mit „Ich" beginnen. Anschuldigungen und Unterstellungen sind zu vermeiden. Stattdessen könnten Sie sagen: „Als du … getan/gesagt hast, hatte ich das Gefühl, dass …" oder Ähnliches.
4. Der Zuhörer übt sich darin, regelmäßig und tief zu atmen, die Muskeln zu entspannen und zu verstehen, sonst nichts. Es muss sich niemand verteidigen, denn niemand ist angeklagt. Mit dem Kopf zu nicken ist förderlich. Das Wort „aber" ist verboten. Dazwischenreden auch.
5. Es ist ein offenes Gespräch von Herz zu Herz. Beide öffnen sich dafür und halten diese Offenheit aufrecht bzw. stellen sie aktiv immer wieder her.

Derlei Gespräche sind natürlich immer hilfreich – nicht nur wenn die Beziehung auf Halbmast hängt. Auch diese Art, miteinander zu sprechen, will geübt sein und klappt im Lauf der Zeit immer besser. Werfen Sie nicht gleich die Flinte ins Korn, nur weil Ihre beiderseitige Offenheit und Herzkommunikation vielleicht nicht gleich stabil war.

Auf diese Weise können Sie beide Ihre schwarze Liste abarbeiten. Wir müssen als Zuhörer nicht unbedingt auf das antworten, was unser Lieblingsmensch gerade angesprochen hat. Natürlich können wir das – wenn wir an der Reihe sind. Wichtig ist, die Interpretationen und Gefühle des Partners zur Kenntnis zu nehmen – und möglichst mit ihm/ihr mitzufühlen. Das ist seine/ihre Welt und sein/ihr Empfinden. Es hat eine absolute Logik innerhalb der persönlichen Geschichte Ihres Lieblingsmenschen und nur zum Teil mit Ihnen zu tun. Und da es nicht ums Rechthaben oder um Schuldverteilung geht, hier ein kleiner, wirkungsvoller Tipp: Es tut Ihrem Gegenüber gut und entspannt die Situation enorm, wenn Sie Verständnis und Mitgefühl zum Ausdruck bringen, während Sie zuhören.

Manchmal entstehen dabei auch längere Pausen, in denen der Sprecher eine Zeit lang nichts mehr zu sagen weiß und der Zuhörer vielleicht ungeduldig werden könnte. Die Zeit gehört unter allen Umständen demjenigen, der dran ist. Auch wenn die Hälfte der Zeit geschwiegen wird. Manche inneren Zustände sind nicht so leicht zu erfassen und in Worte zu übersetzen. Es hat mit Respekt zu tun, jedem die Zeit dafür zu lassen. Auch im Schweigen können wir Offenheit üben. Als „Zuhörer beim Schweigen" fahren Sie Ihre Antennen aus und öffnen Ihr Herz ganz weit. Vielleicht können Sie erfühlen, was da drüben gerade los ist. Dabei ist es gut, auch ganz genau hinzusehen, die Körperhaltung, die Anspannung im Gesicht, in den Lippen – und sich möglichst ähnlich hinzusetzen. Je genauer Sie die Körperposition und Mimik Ihres Gegenübers nachempfinden, umso mehr Informationen erhalten Sie über dessen Befinden. Nebenbei harmonisiert es den Austausch enorm. Alle Emotionen sind beim Sprechen erlaubt. Liebevolle Handlungen auch. Jegliche Gewalt mit Worten oder Taten natürlich nicht.

Perspektiven

Lebendige, mutige Menschen entwickeln sich. Wenn wir in jedem Augenblick wahrhaftig sind, ist unser Leben nicht mehr vorhersagbar, können wir keine Versprechungen darüber abgeben. Das Leben wird zum Abenteuer, das man gemeinsam entdecken und erleben kann. Sicherheit kann es dabei nicht geben, aber durchaus immer wieder eine frische Begegnung in Offenheit und Liebe. Es macht Angst, sich mit einem veränderten Bedürfnis, einem neu entdeckten Persönlichkeitsaspekt dem Partner zu offenbaren. Denn es verändert die Partnerschaft auf nicht vorhersagbare Weise. Kann der andere mit meiner Veränderung umgehen, sich dafür öffnen, oder werden wir uns dadurch fremd?

Wie es weitergehen kann

Geliebt zu werden und der Wunsch nach Zugehörigkeit auf der einen Seite, das Bedürfnis nach Freiheit und Selbstbestimmtheit auf der anderen, das erscheint uns immer als Entweder-oder. Die Polarisierung innerhalb einer Beziehung geschieht nahezu automatisch nach den Flitterwochen: Der eine wünscht sich mehr Nähe, der andere mehr Freiraum. Der eine möchte mehr Sex, der andere weniger. Der eine braucht mehr Ordnung, der andere steht auf kreatives Chaos usw. Die Herausforderung besteht darin, auf diese ganz natürliche Polarisierung nicht im Sinne eines

Entweder-oder zu reagieren und gegeneinander zu kämpfen, sondern beides gleichwertig nebeneinander gelten zu lassen und sich selbst, aber auch den anderen damit zu ertragen. Der Partner ist nicht der, für den wir ihn hielten, das merken wir nach einiger Zeit. Aber auch wir sind nicht der, für den wir uns gehalten haben; das merken wir, wenn wir gelernt haben, in den Spiegel zu schauen, den uns unser Lieblingsmensch hinhält. Im Spannungsfeld der Diskrepanzen und der Spiegelung unserer Schattenthemen werden wir nicht immer glücklich sein, aber wir können uns Tag für Tag selbst besser kennen- und verstehen lernen. Und damit die Macht annehmen für unser Leben und unser Glück. Wir können mehr zu unserer Tigerenergie finden und den Mut und die Gelassenheit üben, authentisch im Jetzt zu leben.

Sich selbst ein guter Freund zu sein ist unabdingbare Voraussetzung, um mit einem anderen offenen Herzens Nähe und Freiraum genießen zu können. Es gibt verschiedene Möglichkeiten, sich selbst etwas Gutes zu tun, nicht nur sich am persönlichen Rückzugsort zu beruhigen, zu verstehen und so zu lieben, wie man eben gerade ist. Auch zum Beispiel regelmäßige Meditation, Sport, Yoga, Tanzen, Malen, die Natur oder Musik können unserer Seele guttun. Entwickeln Sie „gesunde" Routinen, etwa mit Menschen in Ihrem Umfeld, die Ihnen guttun, die Sie inspirieren und achten. Entwickeln Sie ein Mindestmaß an Körperfürsorglichkeit und Zeit für Lebensfreude.

Im Laufe dieses Buches haben Sie ein paar Möglichkeiten kennengelernt, wie wir mit uns und dem anderen einen friedlichen Blickwinkel herstellen und einige Minen auf dem sensiblen Feld der Begegnung entschärfen können. Gehen Sie nicht davon aus, dass sich Ihr Lieblingsmensch Ihnen zuliebe ändern wird.

Ändern kann man sich immer nur selbst.

Wenn er/sie es tut, dann betrachten Sie es als überraschendes Geschenk. Ändern kann man sich immer nur selbst. Wenn Sie immer noch nicht wissen, was jetzt zu tun ist, dann beantworten Sie sich folgende Frage: Wie kann bzw. möchte ich mich verändern, dass ein Zusammenleben mit meinem Partner bzw. meiner Partnerin für mich konstruktiv wird, selbst wenn er/sie genauso bleibt, wie er/sie ist? Diese Veränderung sollte Ihr innerer, bester Freund befürworten können. Wenn Sie sich darauf einlassen möchten, so bleiben Sie doch noch ein bisschen und probieren das aus. Gehen können Sie dann immer noch.

Wenn die notwendige Veränderung für Sie entwürdigend, zu schmerzhaft oder sonst wie eindeutig negativ wäre, dann ist es wohl sinnvoll, über einen Abschied nachzudenken.

Eine Übung zur Entscheidungsfindung

Unser innerer bester Freund ist sozusagen der Wächter unserer Würde, unserer Selbstliebe. Er ist die Instanz in uns – manche nennen ihn vielleicht auch Intuition –, die uns auf unserem ganz persönlichen Weg führt, auf einem Weg, der gut für uns ist, wenn auch nicht immer leicht. Wenn dieser innere beste Freund bzw. diese innere beste Freundin einem letzten Versuch, unsere Liebe zu retten, zustimmt, dann sollten wir diesen Versuch auch unternehmen. Auch wenn unser Verstand oder unser gekränktes Ego noch nicht ganz überzeugt davon ist.

Wie aber merken wir im Zustand einer schmerzhaften Zerrissenheit, ob unsere innere Zustimmung dafür gegeben ist? Wie können wir die hemmende Angst vor einem nötigen trennenden Schritt mit großen, letztlich aber konstruktiven Konsequenzen unterscheiden von der inneren Führung, die uns zu unserem Besten ermuntert, noch zu bleiben und uns genau hier, in diesem Spannungsfeld, weiterzuentwickeln?

Zugang zu der Intuition unseres Herzens – der Instanz für Liebesangelegenheiten – bekommen wir, wenn wir uns ganz gezielt entspannen. Beispielsweise indem wir eine ruhige Musik auflegen, die uns gefällt und entspannt, und uns gemütlich hinsetzen oder hinlegen. Folgen Sie mit Ihrer Aufmerksamkeit Ihrem Atem und spüren Sie ganz bewusst und in aller Ruhe von Kopf bis Fuß in Ihren Körper hinein. Wie fühlen sich bei geschlossenen Augenlidern Ihre Augäpfel an? Was sehen Sie, wenn Sie in Ihre geschlossenen Lider hineinschauen? Probieren Sie es aus, jetzt, auch wenn es seltsam klingt! Wie fühlt sich Ihre Nase an, wenn Sie einatmen, und wie, wenn Sie ausatmen?

Wie fühlt sich genau jetzt Ihre Kiefermuskulatur an und wie liegt Ihre Zunge im Mund? Wo genau berührt Ihr Körper den Stuhl, das Sofa, die Unterlage und wie fühlt sich Ihre Kleidung auf der Haut an? Welche Zehen können Sie einzeln wahrnehmen? Wandern Sie auf diese detaillierte Weise durch Ihren gesamten Körper und spüren Sie, wie Sie von der Unterlage getragen werden. Wie angenehm es ist, das eigene Gewicht

> **Wenn wir uns auf unseren Körper, Atem und Herzschlag konzentrieren, kommen wir in unserer Mitte an, im Hier und Jetzt.**

wirklich loszulassen und der Unterlage anzuvertrauen. Während wir unsere Aufmerksamkeit auf den Körper lenken, ist unser Verstand beschäftigt und wir kommen im Hier und Jetzt an – an der Tür zu unserem Herzen.

So eine Reise durch den eigenen Körper dauert, je nach innerer Zeitempfindung, ein paar Minuten oder auch eine halbe Stunde. Wem es leichter fällt, sich durch eine sympathische Stimme in die Entspannung führen zu lassen, der kann auch eine entsprechende CD mit einer geführten Meditation (Beispiele siehe Anhang) einlegen. Der Zustand, den wir dadurch erreichen, hat etwas Ruhiges, Friedliches. Wir fühlen uns im Einklang mit uns selbst – mehr als unter normalen Umständen, zumal wenn wir über unsere Probleme nachdenken.

In diesem entspannten Zustand probieren Sie die zwei Varianten Ihrer möglichen Zukunft aus. Stellen Sie sich zuerst vor, auf eine neue, konstruktive Art (wie auch immer die aussehen mag) in Ihrer Partnerschaft zu bleiben – und spüren Sie dann hin, wie sich Ihr Körper dabei verändert. Wie reagiert Ihr Bauch darauf, diese Beziehung fortzuführen auf eine vielleicht noch unbestimmte, jedoch positivere Art als bisher? Wie antworten Ihre Brust, Ihr Herz, Ihr Hals? Wird es enger in Ihnen oder weiter? Entsteht ein Druck, stockt Ihr Atem oder spüren Sie ein angenehmes, warmes Fließen Ihrer Energie? Wie fühlen sich Ihr Kiefer und Ihr Nacken dabei an? Unser Körper gibt uns eindeutige Signale. Wir haben nur verlernt, darauf zu achten. Jeder Körper hat seine eigene Sprache. Wie ist es bei Ihnen? Das, was Sie als angenehm empfinden, bedeutet Ja. Das, was Sie als unangenehm empfinden, bedeutet Nein.

Unser Körper antwortet auf die von uns erdachte Entscheidung mit eindeutigen Signalen.

Dann hören Sie mit der ersten Vorstellung auf und entspannen sich wieder. Folgen Sie Ihrem Atemfluss und den feinen Auf- und Abbewegungen Ihres Brustkorbs. Seien Sie einfach da in diesem Jetzt. Nach ein paar Minuten können Sie die Gegenprobe machen. Stellen Sie sich nun vor, dass Sie Ihren eigenen positiven Weg gehen – ohne Ihren Partner. Auch diesmal sind Details, wie genau das funktionieren soll, nicht wichtig. Es geht lediglich darum, sich diesmal den anderen Weg vorzustellen, und zwar auch auf eine konstruktive Weise. Und dann spüren Sie wieder der Antwort in Ihrem Inneren nach. Wie reagiert Ihr Körper auf diese Möglichkeit? Was sagt Ihr Bauch und was Ihr Herz-bereich dazu? Wie fühlt sich die Brust beim Atmen jetzt an, wie Ihr Hals und die Kiefermuskulatur, was macht Ihr Nacken? Wird bzw. bleibt Ihr Körper dabei locker, weich, leicht, weit oder eng und verkrampft?

Auf welche der beiden Wege hat Ihr Körper entspannter reagiert? Keine Wahrnehmung zu haben ist dabei positiver als ein angespanntes Körpergefühl. Verglichen mit einer Verkrampfung, einem deutlichen Körperdruck und einer Enge im Brustbereich ist das leichter empfundene, leicht nervöse Herzklopfen die „bessere" Antwort. Atmen Sie tief ein und aus. Wie war es bei Ihnen?

Machen Sie sich bewusst, dass Sie nicht zwischen zwei schlechten oder gefährlichen Alternativen wählen und auch nicht zwischen einer nur guten und einer nur schlechten Möglichkeit, sondern zwischen zweien, die sich beide positiv entwickeln können, wenn Sie engagiert dazu beitragen. Wir können tatsächlich auf jede Art glück-lich werden, wenn wir uns tagtäglich selbstverantwortlich dafür entscheiden – und dabei unser eigener bester Freund sind.

Wenn wir uns hingegen selbst nicht leiden können, dann ist jeder Weg mit Schmerz und Stolpersteinen gepflastert. Vielleicht, damit wir bei jedem Stolpern eine neue Chance haben, bei uns selbst anzukommen. Und es wird höchst-wahrscheinlich auch keine Partnerschaft geben, in der im-mer alles super läuft, das wissen wir alle. Partnerschaftskrisen sind freundliche Einladungen des Lebens, uns selbst noch mehr lieben zu lernen. Warum nicht jetzt sofort damit anfangen? Nicht trotzig und gegen unser Lieblingsmonster gerichtet, sondern weil wir verstanden haben, dass die Liebe nach innen die ist, die wir selbst genießen können, die unseren Seelenschmerz heilen kann. Dass die Selbstliebe jene unsichtbare und doch so ungeheuer wirkungsvolle Resonanz erzeugt, die für den liebevollen oder auch quälenden Magnetismus zwischen uns und anderen Menschen verantwortlich ist. Dass der Grad der Eigenliebe auch darüber entscheidet, wer sich von unserer Ausstrahlung angezogen und sich mit uns verwandt fühlt – und wir uns mit ihm oder ihr.

> Wir können alleine oder mit diesem oder einem anderen Partner glücklich oder todunglücklich sein. Ob wir uns selbst dabei mögen oder nicht: das macht den entscheidenden Unterschied.

Eine Neuanfangszeremonie

Wenn Sie nun zu dem Schluss gekommen sind, dass Sie Ihrer Liebe eine neue Chance geben wollen, und sei es nur wegen dem unerträglichen Herzschmerz, der jedes Mal bei dem Gedanken an eine Trennung auftaucht, dann entscheiden Sie sich jetzt ganz bewusst dafür. Für manche Entscheidungen haben wir nur eine Mehrheit von 51:49 Prozent in uns. Das reicht an einem Donnerstagabend unter Umständen aus, dass wir bis Freitagmittag bleiben, statt zu gehen. Immerhin. Denn in diesen Stunden kann ja einiges an mildernden Einflüssen zwischen uns geschehen. Vielleicht reicht es ja sogar dafür, dass wir selbst ein bisschen dazu beitragen, dass die Atmosphäre zwischen uns weicher wird.

Die erste unerfreuliche Kleinigkeit wird solch eine knappe Entscheidung allerdings wieder ins Wanken bringen. Und unser Engagement, zu dem Gelingen dieser Option beizutragen, ist verständlicherweise auch recht eingeschränkt. Wir alle wissen, dass die Chancen einer Veränderung zum Guten mit jedem Prozent Engagement und Mut zur Offenheit unsererseits steigen. Die hier beschriebene Übung trägt dazu bei, dass wir jede noch so kleine Chance gut nutzen und stabilisieren können, wenn wir dies möchten.

Eine Neuanfangszeremonie können wir alleine oder zu zweit durchführen. Angemessen und schön ist es, nach all der schwierigen Zeit ein kleines, feierliches Ritual daraus zu machen, etwa mit Musik, Kerzenlicht und frischen Blumen. Da sind Ihrer Fantasie keine Grenzen gesetzt.

Der erste Schritt besteht darin, dass Sie sich innerlich bewusst machen und sich gegenseitig sagen, was Ihnen leidtut. Wir kennen unsere Schwächen im Alltag und bei Streitereien ganz genau. Wir wissen selbst am besten, wann und wo wir uns nicht so besonders berauschend benommen haben. Hier geht es um die vielen kleinen, mittleren und auch größeren Gemeinheiten, Gedankenlosigkeiten oder Ausrutscher, die uns unserem Sparringspartner gegenüber passiert sind. Es ist sehr friedenstiftend und herzöffnend, wenn jeder selbst darüber nachdenkt und wir dann zum Ausdruck bringen, was wir damals aus der Sicht von heute lieber nicht getan oder gesagt hätten oder welche Unterlassung uns heute selbst wehtut. Auch wenn es nicht immer leichtfällt, das voreinander einzugestehen. Springen Sie über Ihren Schatten – es ist so erlösend. Für Ihren Partner, aber auch für Sie selbst. Dabei geht es nicht mal so sehr um Schuld, sondern viel mehr um den Ausdruck von Verstehen und ehrlichem Mitgefühl. Lassen Sie die Worte wirken und geben Sie den Gefühlen, die dabei entstehen, Raum – sie sind sehr heilsam.

> **Sagen Sie Ihrem Partner, was Ihnen leidtut. Das öffnet das Herz und ist heilsam.**

Führen Sie jedoch keine Diskussionen. Falls Ihr Gegenüber sagt, dass ihm/ihr etwas leidtut, dann spüren Sie einfach, ob Sie das annehmen können und wie es sich anfühlt, das zu hören. Fühlt es sich glaubwürdig an? Haben Sie den Mut, den Schmerz zuzulassen, wenn Sie Ihr Herz wieder öffnen? Dann lassen sie es geschehen.

Der nächste Schritt ist die Wertschätzung des Partners und der Partnerschaft (siehe Positiv-Liste). Falls Sie diese liebevolle Feierlichkeit zusammen durchführen wollen, könnten Sie sich zum Beispiel einander gegenübersetzen und sich abwechselnd all die Dinge sagen, die Sie aneinander schätzen, bewundern, lieben und vermissen würden, wofür Sie dem anderen dankbar sind und was Sie anziehend und vielleicht auch sexy finden, was Sie am gemeinsamen Leben immer genossen haben und genießen. Lassen Sie sich alle Zeit der Welt dafür, es tut gut.

Der letzte Schritt ist die Planung eines gemeinsamen Krisenmanagements für die Übergangszeit. In vielen Fällen ist es nichts anderes als realistisch, dass die Situationen, die Schmerz oder Streit auslösen, wieder entstehen könnten. Wie wollen Sie in Zukunft damit umgehen? Wie kann derjenige von Ihnen, der die Rolle des Schmerzauslösers spielt, dazu beitragen, dass der andere leichter als bisher etwas Positives daraus ziehen kann, es vielleicht nicht mehr persönlich nimmt, sich daran erinnert, dass es ganz anders gemeint ist? Oder unter welchen Umständen wäre es möglich, dass der Schmerzauslöser sein Verhalten tatsächlich ändert? Welche Schritte könnte er bzw. sie schon jetzt einleiten, damit dies auf eine für ihn/sie selbst harmonische Weise möglich ist?

Bei diesen Überlegungen und Vereinbarungen befragen Sie unbedingt auch Ihre innere Stimme, achten Sie auf Ihre Körpersignale wie bei der Übung zur Entscheidungsfindung. Wenn wir schon bei einer Abmachung Bauchweh bekommen, wird sie im Alltag keinen Bestand haben.

Dann sagen Sie es lieber ehrlich und finden Sie nach Möglichkeit eine andere Lösung.

Und wie kann derjenige, der auf diesen Auslöser üblicherweise mit Schmerz, Angst, Wut oder Traurigkeit reagiert, in Zukunft selbstverantwortlich dazu beitragen, dass er sich erlaubt, seine Gefühle liebevoll zu fühlen und zu heilen, statt blindlings darauf zu reagieren und einen Schuldigen zu suchen? Wie können wir möglicherweise üben, dem Partner in wertfreien „Ich-Botschaften" davon zu erzählen (ohne Schuldzuweisungen), ihm/ihr nichts Böses zu unterstellen, sondern gegenseitiges Verstehen zu praktizieren? Welches Verhalten entspringt an dieser Stelle der Selbstliebe und Selbstverantwortung? Unter welchen inneren Voraussetzungen würden wir den ehemaligen Schmerz- oder Streitauslöser erst gar nicht so schmerzhaft erleben und welche konstruktiven Schritte können wir ab sofort dafür einleiten? Überlegen Sie. Jeder für sich und gemeinsam. Die besten Lösungen sind meist die, die jeder für seine eigene Empfindlichkeit entwickelt.

> **Arbeiten Sie einen neuen Umgang mit dem Streitthema aus, so dass es machbar ist und beide ehrlich damit leben können.**

Welche gemeinsamen Abmachungen können wir treffen, welche die Tretminen entschärfen, vielleicht sogar in Wohlgefallen oder Humor auflösen? Und wie gehen wir, wenn es doch geknallt hat, danach am besten miteinander um, wenn wir anfangs manchmal doch noch nicht so lösungsorientiert waren, wie wir es uns heute wünschen? Wie können wir in Zukunft konstruktiver streiten und uns wieder vertragen?

Besprechen Sie alles mit Ihrem Lieblingsmenschen und unbedingt auch mit Ihrem inneren besten Freund bzw. Ihrer inneren besten Freundin. Bei manchen Abmachungen ist es auch sinnvoll, wenn Sie einmal darüber schlafen, um sich die Zeit zu geben, wirklich hinzuspüren, ob das so für Sie stimmig ist.

Für Themen, bei denen wir keine Lösung finden, mit der beide in Übereinstimmung kommen, gilt es zu vereinbaren, wie sich jeder um sich selbst kümmern kann, und diese Verschiedenheit auf konstruktive Weise aushalten zu lernen. Nicht immer ist ein Kompromiss zielführend – es kann durchaus sein, dass ein fauler Kompromiss eher beide unglücklich macht statt beide zufriedener. In diesem Fall haben Sie den Mut, dass jeder seiner Wahrheit treu bleibt und Sie den Weg der Ehrlichkeit und Toleranz gehen.

Wie können wir im Herzen offen und weich bleiben, auch wenn wir keine Übereinkunft an einem Schmerzpunkt erzielen? Ist uns die Liebe wichtiger, als bei diesem Thema zu unserem „Recht" zu kommen? Wie können wir diesen Menschen weiterhin lieben, wenn wir in dieser speziellen Thematik keine Einigung finden können? Antworten Sie ganz für sich allein. An diesem Punkt geschieht oftmals echte Transformation.

> Es gibt viele Gemeinsamkeiten bei Paaren, doch auch
> manche Verschiedenheiten. Liebe fängt da an, wo sie
> eine Brücke bauen kann zwischen der empfundenen
> Kluft der Unterschiede.

Bei Ihrem Austausch ist es hilfreich, wenn Sie versuchen, nicht nur über die Symptome zu sprechen, sondern auch an die Ursachen heranzukommen. Also, warum hat einer von Ihnen irgendwann begonnen, sich so zu benehmen, dass es für den anderen kränkend war, warum hat er etwas getan oder unterlassen, das den anderen so schmerzt, dass dieser wiederum angefangen hat, seinerseits „komisch" zu werden?

Ursula: „Bei uns war der Auslöser unserer Krise das Fremdgehen meines Mannes. Als wir endlich in Ruhe darüber sprechen konnten, wurde klar, dass er schon sehr lange unglücklich über unser Sexleben ist. Nach seinem Empfinden haben wir viel zu selten Sex und wenn, dann kommt es bei ihm immer so an, als würde ich nur ihm zuliebe mitmachen. Ich bin in mich gegangen und habe herausgefunden, dass das wahr ist. Ich hatte seit geraumer Zeit einfach keine Lust mehr auf Sex. Was hätte ich tun sollen? Für mich ist es einfach wunderbar und genug, wenn wir ab und zu kuscheln und ich mich mal anlehnen und seine Wärme spüren kann."

Margit: „Bei uns war es genauso. Ich hab mich dann noch gefragt, seit wann das eigentlich bei mir so ist und warum. Und dabei erkannte ich, dass ich mit unserem Sex auch unzufrieden war und mich deswegen dafür verschlossen habe. Ich hätte ihn mir ganz oft einfach anders gewünscht, hatte aber nie den Mut, es offen auszusprechen. Stattdessen habe ich begonnen, mich zurückzuziehen und eine körperliche Annäherung nicht mehr zuzulassen. Durch unsere vielen Gespräche in der letzten Zeit habe ich erkannt, dass mich mein Mann wirklich liebt und die körperliche Nähe so sehr vermisst, dass es schließlich zu dem Seitensprung kam. Nun üben wir eine neue Intimität, die auch für mich schön ist."

Wenn Sie allerdings feststellen, dass Sie mit etwas absolut nicht leben können, von dem Ihr Lieblingsmensch aber ebenso überzeugt ist, dass er ohne nicht auskommt, dann ist möglicherweise eine Trennung unvermeidlich. Oder dass Sie etwas brauchen, das sich Ihr Partner bei aller Liebe einfach überhaupt nicht vorstellen kann. Manchmal können wir bestimmte Bedürfnisse sozusagen auslagern, manchmal auch nicht. Auslagern kann man zum Beispiel das Bedürfnis nach Geselligkeit. Einer geht eben öfter mit Freunden auf für ihn reizvolle Veranstaltungen, während der andere daheim bleiben „darf". Oder einer redet mit einem guten Freund über spezielle Themen, die den anderen einfach überhaupt nicht interessieren. Oder einer fährt im Urlaub in die Berge, während der andere ans Meer fährt – wenn es abwechselnd nicht denkbar ist. Doch wenn einer etwa in der Großstadt leben will, während sich der andere ganz weit draußen in der Natur zu Hause fühlt, dann wird ein Zusammenleben immer für einen der beiden Partner und ein Kompromiss sogar für beide zum Problem. Oder einer braucht als Nahrung für seine Seele körperliche Intimität, während der andere absolut keine Lust darauf hat – dann gibt es an dieser Stelle keinen „guten Kompromiss", außer beide können damit leben, dieses Thema auszulagern. Doch eine beglückende, innige Sexualität kann meist nicht auf Dauer von einer echten, gefühlten Verbindung getrennt werden, sodass beim Auslagern früher oder später neue Herausforderungen für alle Beteiligten entstehen.

Wenn beide sich lieben, aber nicht zusammenleben können, dann heißt das nicht, dass einer daran Schuld hat. Es ist eben so. Vielleicht hat sich etwas geändert im Laufe der Zeit, die Wege haben sich auseinanderentwickelt und trotz empfundener Liebe und Verbundenheit geht es einfach nicht mehr. Dann bedeutet Trennung nicht unbedingt Abschied für immer, sondern eine Verwandlung der Beziehung. Vielleicht geht Ihre Liebe weiter, wenn Sie getrennt wohnen oder jeder eigene Wege geht? Vielleicht muss Ihre Partnerschaft auch einer zunächst nicht klar zu benennenden Verbindung weichen. Die Zeit wird dann zeigen, wohin sich diese tiefe Sympathie entwickelt.

Menschen, die uns nahestehen, sind immer mit uns verbunden, selbst wenn wir vielleicht die gemeinsame Wohnung auflösen, später möglicherweise innige Freunde werden können und sogar, wenn wir uns nie mehr sehen. Voraussetzung für eine gesunde Transformation einer ehemaligen Liebesbeziehung in eine positive Verbindung –

und sei sie „nur" geistige Erinnerung – ist die Fähigkeit, mit der neuen Entwicklung in Frieden zu kommen.

Eine Trennungszeremonie

Wie die Beziehung selbst können wir auch eine Trennung auf niedrigem oder hohem Niveau angehen. Auf niedrigem Niveau machen wir den anderen zum Schuldigen, lassen kein gutes Haar mehr an ihm/ihr und machen aus dem Abschied einen Akt der Rache. Wir reden überall schlecht von ihm/ihr, sogar vor den Kindern, und nehmen in Kauf, dass wir damit ihren sensiblen Seelen großen Schmerz und langfristigen Schaden zufügen. Und verderben damit nicht nur allen Beteiligten, sondern auch uns selbst die Laune. Wir machen vor uns selbst und anderen die gemeinsame Vergangenheit zu einem einzigen Fehler. So verständlich es ist, sich manchmal so zu fühlen – in diesem Zustand sollten wir keine Entscheidungen treffen und diese schon gar nicht umsetzen. Denn es zeigt, dass wir emotional noch viel zu verstrickt und total in der „Opferenergie" sind. Aus dieser Position heraus machen wir Fehler, weil wir blind sind für die Realität. Entscheidungen mit langfristigen Konsequenzen für alle Beteiligten sollten aus der Ruhe und der Kraft unseres Herzens getroffen werden, das gilt insbesondere für Trennungen.

Wir könnten zum Beispiel unseren Kindern zeigen, wie man mit Anstand und gegenseitiger Achtung die Liebe lebt,

Schwierigkeiten annimmt, daraus lernt und zum Wohle aller Beteiligten, einschließlich sich selbst, Entscheidungen trifft – und notfalls auch in Frieden Abschied nehmen. Auch sie haben irgendwann das Projekt Partnerschaft vor sich und können auf diese Weise viel Wertvolles lernen, insbesondere Selbstliebe und Respekt vor dem anderen.

Solch eine konstruktive Trennungszeremonie kann beispielsweise damit beginnen, dass man sich gemeinsam an all das Schöne erinnert und sich dafür bedankt. Wirklich liebevoll und traurig wird es, wenn wir uns gegenseitig die Dinge sagen, die wir am anderen immer geschätzt und geliebt haben. Diese Traurigkeit ist Teil der Wahrheit in einer Abschiedssituation. Gesund und mutig wäre es, sie – vielleicht zusammen mit der Freude auf den Neuanfang – zu fühlen, anstatt sie zu verdrängen. Unbedingt dazugehören sollte der Wunsch, dass Sie beide von der eventuell vorhandenen Verstrickung miteinander ab sofort frei sind und jeder sein Glück anderweitig finden möge. Negative Emotionen binden uns ansonsten noch unbewusst jahrelang aneinander und kosten Lebensenergie.

Entscheidungen dieser Art sollten sich nicht so sehr gegen etwas oder jemanden richten, sondern besser für etwas. Die Ausrichtung auf unser Ziel gibt der Angelegenheit eine ganz andere, konstruktive Farbe. Sich innerlich mit Achtung und Respekt vom anderen zu verabschieden verschafft unserer weiteren Reise einen hellen Ausgangspunkt. Außerdem zeigt es, dass wir etwas sehr Wesentliches verstanden haben. Nämlich dass es in der Liebe jeder so gut macht, wie er kann – auch wenn kein glückliches Zusammenleben entstanden ist.

Ich wünsche Ihnen von ganzem Herzen alles Gute.

Ihre Jutta D. Blume

Anhang

Über die Autorin

Die studierte Diplompsychologin und Psychotherapeutin Jutta D. Blume blickt auf eine erfolgreiche Karriere im psychologischen wie auch im wirtschaftlichen Umfeld zurück. Seit 1995 arbeitet sie selbstständig als Psychologin und Seminarleiterin in eigener Praxis und hat sich auf Themen wie Partnerschaft, Angstzustände und akute Krisen spezialisiert. Sie ist Hypnosetherapeutin, Gesprächspsychotherapeutin, NLP-Trainerin sowie akkreditierte Insights-Beraterin. Hörer des WDR 5 kennen sie von den verschiedensten Lifesendungen rund um das Thema Kommunikation in Beziehungen. Im Jahr 2003 gründete sie den „Lichtpunkt" in Nürnberg – eine Seminarplattform und Fundgrube für Bücher und Produkte, die dem persönlichen Wachstum dienen.

Neben verschiedenen erfolgreichen Buch- und Presseveröffentlichungen ist sie auch im Businessbereich als Firmenberaterin und Trainerin sowie als gefragte Referentin in ganz Deutschland tätig. An der Fachhochschule Jena ist sie Lehrbeauftragte für Kommunikation im Fachbereich Marketing und Vertrieb.

Bei Interesse an Seminaren, Vorträgen oder Beratung wenden Sie sich bitte an:
Jutta D. Blume
Telefon: 0179 5969101
E-Mail: Diplpsych_JuttaBlume@web.de
Internet: www.jutta-d-blume.de

Literaturempfehlungen

Beziehung/Partnerschaft

Blume, Jutta D.: Frauen wollen reden, Männer hören nicht zu. Pabel-Moewig Verlag, Rastatt 2002

Blume, Jutta D.: Ich dich auch, Liebling. humboldt, Hannover 2008

Duffell, Nick und Lovendal, Helena: Das Buch für Paare, die es bleiben wollen. Innenwelt Verlag, Köln 2007

Gray, John: Männer sind anders. Frauen auch. Goldmann, München 1998

Krishnananda (Thomas Trobe): Liebe ist (k)ein Kinderspiel. Schrodt, Bochum 2001

Krishnananda (Thomas Trobe): Liebeskummer lohnt sich doch. Schrodt, Bochum 2000

Krishnananda (Thomas Trobe) und Gitte Demant Trobe: Vertrauen ist gut, Selbstvertrauen ist besser. Innenwelt Verlag, Köln 2004

Mary, Michael: 5 Lügen, die Liebe betreffend. Bastei Lübbe, Bergisch Gladbach 2008

Mary, Michael: Lebt die Liebe, die ihr habt. Rowohlt, Reinbek bei Hamburg 2008

Osho: Beziehungsdrama oder Liebesabenteuer. Innenwelt Verlag, Köln 2003

Osho: Liebe beginnt nach den Flitterwochen. Innenwelt Verlag, Köln 2003

Powers, Rhea: Von Herz zu Herz. Kamphausen, Bielefeld 2007

Richardson, Diana: Zeit für Gefühle. Innenwelt Verlag, Köln 2006

Walsch, Neale Donald: Ich bin das Licht! Die kleine Seele spricht mit Gott. Hans-Nietsch-Verlag, Freiburg 1999

Sexualität in langjährigen Beziehungen

Blume, Jutta D.: 7 Schlüssel zum perfekten Sex. Pabel-Moewig Verlag, Rastatt 2004

Krishnananda (Thomas Trobe) und Amana: Wenn Sex intim wird. Innenwelt Verlag, Köln 2008

Richardson, Diana: Zeit für Liebe. Innenwelt Verlag, Köln 2004

Der Weg zu Eigenliebe und Selbstverantwortung

Chopich, Erika J. und Paul, Margaret: Aussöhnung mit dem inneren Kind. Ullstein, Berlin 2009

Deida, David: Der Weg des wahren Mannes. Kamphausen, Bielefeld 2006

Deida, David: Du bist Liebe. Kamphausen, Bielefeld 2008

Deida, David: Nackt zur Wahrheit. Kamphausen, Bielefeld 2007

Kössner, Christa: Die Spiegelgesetz-Methode. Ennsthaler, Steyr 2008

Mohr, Bärbel und Manfred: Cosmic Ordering. Die neue Dimension der Realitätsgestaltung aus dem hawaiianischen Ho'oponopono. Koha, Burgrain 2008

Norwood, Robin: Wenn Frauen zu sehr lieben. Rowohlt, Reinbek bei Hamburg 2009

Tipping, Colin: Ich vergebe. Der radikale Abschied vom Opferdasein. Kamphausen, Bielefeld 2004

Tipping, Colin: Radikale Selbst-Vergebung. Integral, München 2009

Morphogenetische Felder/Familienstellen

Holitzka, Marlies und Klaus: Der kosmische Wissensspeicher. Schirner, Darmstadt 2004

Schäfer, Thomas: Wie aus Leiden wieder Liebe wird. Droemer Knaur, München 2007

Sheldrake, Rupert: Das schöpferische Universum. Ullstein, Berlin 2009

Empfohlene Musik für den Rückzugsort oder Klärungsgespräche

Enya: The Memory of Trees (oder andere Musik von ihr)
Deuter: Sea & Silence (oder andere Musik von ihm)
Kobialka, Daniel: Fragrances of a Dream

Empfohlene Meditationen

Bayer, Dr. Günter: Lebendige Beziehungen. Begegnung und
    Präsenz (Doppel-CD)
Osho: Dynamische Meditation, Kundalini Meditation, Cha-
    kra breathing u. a. (CD)
Tipping, Colin: 13 Schritte zur radikalen Vergebung (CD)
Tipping, Colin: Radikale Selbstvergebung (CD)

Steine aus Halbedelsteinen, Kristalle und kleine Figuren,
Glücksmünzen usw., die als Kraftsymbol geeignet sind,
sowie schöne Notizbücher für Ihre persönlichen Aufzeich-
nungen, Kerzen, Duft und Räucherwerk wie Weihrauch
und Salbei zum Reinigen der Atmosphäre an „Streitplät-
zen" und vieles mehr erhalten Sie zum Beispiel hier:

Lichtpunkt Nürnberg
Telefon: 0911 2342866
E-Mail: lichtpunkt-mail@arcor.de
Internet: www.der-lichtpunkt.de

Jutta D. Blume

Ich dich auch, Liebling

**Warum Beziehungen
wundervoll sind, wenn
man miteinander spricht**

humboldt –
Psychologie & Lebensgestaltung
176 Seiten
12,5 x 18,0 cm, Broschur
ISBN 978-3-89994-212-5
€ 8,90

Glückliche Beziehungen haben eins gemeinsam: Die Partner sprechen regelmäßig und gerne miteinander. Ist dies nicht der Fall, leeren sich die Liebes-Akkus sehr schnell. Die Autorin erklärt anschaulich und humorvoll, wie es zum großen Schweigen in einer Beziehung kommen kann. In diesem Buch finden Sie praktische Lösungswege für unterschiedliche Persönlichkeitstypen.

- Der praktischste Ratgeber zum Beziehungskiller Nr. 1
- Leicht und angenehm zu lesen
- Viele Beispiele aus dem täglichen Leben

Die Autorin
Jutta D. Blume leitet eine Praxis für Psychotherapie und ist eine gefragte Therapeutin bei der Lösung von Beziehungskonflikten. Den Hörern von WDR 5 ist sie seit vielen Jahren als Expertin in Beziehungsfragen bekannt.